400 ANS DE THÉÂTRE AU QUÉBEC

ÉTUDE DES ŒUVRES PAR
NANCY DESJARDINS ET MÉLANIE PLOURDE

D1482550

COLLECTION
PARCOURS D'UN GENRE

SOUS LA DIRECTION DE MICHEL LAURIN

Beauchemin
CHENELIÈRE ÉDUCATION

400 ans de théâtre au Québec
Extraits

Édition présentée, annotée et commentée par Nancy Desjardins
   et Mélanie Plourde, enseignantes au cégep de Saint-Jérôme

Collection « Parcours d'un genre »

Sous la direction de Michel Laurin

© 2008 Groupe Beauchemin, Éditeur Ltée

Édition : Johanne O'Grady et Sophie Gagnon
Coordination : Johanne O'Grady
Révision linguistique : Paul Lafrance
Correction d'épreuves : Christine Langevin
Conception graphique : Josée Bégin
Infographie : Transcontinental Transmédia
Impression : Imprimeries Transcontinental

Tableau de la couverture :
Trente Visages (1974).
Winnipeg Art Gallery.
Œuvre de **Marion Tuu'luq**,
peintre canadienne de
Baker Lake (1910-2002).

**Catalogage avant publication
de Bibliothèque et Archives nationales du Québec
et Bibliothèque et Archives Canada**

Vedette principale au titre :

400 ans de théâtre au Québec

(Collection Parcours d'un genre)
« Extraits ».

Comprend des réf. bibliogr.

Pour les étudiants du niveau collégial.

ISBN 978-2-7616-5383-1

1. Théâtre québécois. 2. Théâtre québécois – Histoire
et critique. I. Desjardins, Nancy, 1976-   . II. Plourde,
Mélanie, 1974-   . III. Titre : Quatre cents ans de théâtre
au Québec. IV. Collection.

PS8315.5.Q8Q37 2008   C842.008'09714   C2008-940656-7
PS9315.5.Q8Q37 2008

Beauchemin

CHENELIÈRE ÉDUCATION

7001, boul. Saint-Laurent
Montréal (Québec)
Canada H2S 3E3
Téléphone : 514 273-1066
Télécopieur : 514 276-0324
info@cheneliere.ca

ISBN 978-2-7616-5383-1

Dépôt légal : 2ᵉ trimestre 2008
Bibliothèque et Archives nationales du Québec
Bibliothèque et Archives Canada

Imprimé au Canada

1 2 3 4 5 ITG 12 11 10 09 08

Nous reconnaissons l'aide financière du gouvernement du Canada
par l'entremise du Programme d'aide au développement de l'in-
dustrie de l'édition (PADIÉ) pour nos activités d'édition.

Gouvernement du Québec – Programme de crédit d'impôt pour
l'édition de livres – Gestion SODEC.

DANGER

LE
PHOTOCOPILLAGE
TUE LE LIVRE

REMERCIEMENTS

À Claude Lavoie, l'initiateur de cette folle aventure, pour avoir si généreusement partagé avec nous sa passion et ses idées quant à la sélection des textes.

Nos remerciements les plus chaleureux vont également à :

notre « modèle », Annik-Corona Ouellette ; nos collègues du département de français du cégep de Saint-Jérôme pour les échanges qui ont nourri notre réflexion ; nos anciens professeurs, Lucie Robert, Jean-Guy Côté et Hervé Dupuis ; nos précieux collaborateurs, Johanne O'Grady et Paul Lafrance ; notre traducteur, Éric Plourde, pour la qualité de son travail ; nos proches, Steph, Normand, Pauline, Dominique et Julie, Nico et Ross, Alfred, Gilles et Hélène, Lawrence Brown.

Avec toute notre gratitude,
Nancy Desjardins et Mélanie Plourde

TABLE DES MATIÈRES

Dessin d'Aubrey Beardsley (1872-1898).

INTRODUCTION

400 COUPS DE THÉÂTRE

Quatre cents ans de théâtre au Québec. Vraiment ? Oui, si l'on considère la pratique théâtrale dès ses premières manifestations, en Nouvelle-France. Ceci dit, il ne s'agit pas encore d'un théâtre professionnel, organisé, comportant son réseau de salles et ses acteurs. Une véritable institution s'établit petit à petit, au gré des initiatives tant locales qu'étrangères, et il a fallu attendre le XXe siècle pour voir survivre et durer les salles et les troupes. Le même phénomène se produit du côté de l'ensemble des textes écrits pour la scène. Quelques dramaturges ont bien sûr signé des textes significatifs aux XVIIe, XVIIIe et XIXe siècles. Toutefois, on reconnaît maintenant Gratien Gélinas comme le père de la dramaturgie québécoise, avec sa pièce *Tit-Coq* (1948), qui met en scène notre réalité sociale.

L'univers théâtral reflète les préoccupations souvent récurrentes des différentes générations. La question de l'identité et de l'assimilation se retrouve tant chez Joseph Quesnel au début du XIXe siècle que chez Michel Tremblay et Françoise Loranger dans les années 1970. Le scandale éclate autour de la représentation du *Tartuffe* de Molière à Québec en 1694, puis à la création de la pièce *Les fées ont soif* quelque 300 ans plus tard. Les relations familiales sont aussi tendues dans l'œuvre d'Antoine Gérin-Lajoie que chez Michel-Marc Bouchard et Wajdi Mouawad. L'histoire du théâtre au Québec, qu'on lui donne 400 ou 60 ans, trace un portrait vivant de la culture québécoise.

Le Vrai Monde ? de Michel Tremblay.

La Compagnie Jean Duceppe, 2007.
Mise en scène de René Richard Cyr.

Le théâtre :

miroir du

vrai monde

LE THÉÂTRE : MIROIR DU VRAI MONDE
Le vrai monde

    Claude, un des personnages de la pièce *Le Vrai Monde?* de Michel Tremblay, a fait lire sa première œuvre à sa mère, Madeleine. Un dimanche soir, alors qu'il est en visite chez ses parents, elle lui donne ses impressions à la suite de la lecture de sa pièce.

Michel TREMBLAY
(né en 1942)

Le Vrai Monde?
(1987)[1]

CLAUDE

Tu l'as lu ?

MADELEINE I

Oui. (*Silence.*) Comment t'as pu faire une chose pareille…? J'ai eu tellement honte en lisant ça, Claude… J'me sus sentie tellement… laide.

CLAUDE

Laide ?

MADELEINE I, *brusquement.*

5 C'est pas moi, ça! C'est pas comme ça que chus! C'te femme-là, même si a'porte mon nom, a'me ressemble pas! J'veux pas! Comment as-tu osé y donner mon nom, Claude!

CLAUDE

Mais moman, c't'un personnage de théâtre… Y'est pas dit nulle part que c'est exactement toi…

---

1. Cette date indique l'année de la première représentation, et ce, pour tous les extraits présentés.

MADELEINE I

10 Claude! Viens pas me rire en pleine face par-dessus le marché! Tu
décris notre salon dans ses moindres détails! Les meubles, les drape-
ries, le tapis usé devant la porte, la télévision Admiral... Ça se passe ici,
dans notre maison, comment tu veux que j'pense pas que t'as voulu
nous décrire nous autres dans les personnages! J'ai reconnu ma robe,
15 Claude, j'ai reconnu ma coiffure mais j'me sus pas reconnue, moi!

(*On entend le début du troisième mouvement de la cinquième sym-
phonie de Mendelssohn* [1].
Entre Madeleine II qui semble inquiète.
Elle est habillée comme Madeleine I.
20 *Madeleine I prend le manuscrit dans ses mains.*)

MADELEINE I

C'est pas moi, c'q'y'a là-dedans!

(*Madeleine II va à la fenêtre, tire le rideau, regarde dehors.*)

MADELEINE I

C'est pas moi!

(*Madeleine II retraverse le salon en silence, sort.*)

MADELEINE I

25 Pis c'est même pas de la musique que j'écoute! La musique que t'as
mis là-dedans, j'la connais pas! Pis j'veux pas la connaître! La
musique que j'écoute, moi, c'est de la musique simple, facile à retenir
pis que j'peux chanter pendant que je l'écoute! T'entends c'qui joue
à la radio dans la cuisine, là? Ben c'est ça que j'aime! Pas ton... ton
30 Mendelssohn que t'as sorti de j'sais pas où... de tes propres goûts,
probablement... Avais-tu honte de mettre ça dans ta pièce?
J'comprends pas c'que t'as voulu faire! Tu nous as enlaidis, nous
autres, mais tu nous fais écouter d'la musique que toi tu trouves plus
belle, plus savante que celle qu'on écoute! Tu ris de nous autres, là-
35 dedans, Claude, le sais-tu?

---

1. Félix Mendelssohn, compositeur allemand du XIXe siècle.

CLAUDE

Ben non. J'ris pas de vous autres. Viens t'asseoir à côté de moi. J'vas essayer de t'expliquer…

MADELEINE I

C'est pas des explications que je veux, y'est trop tard pour les explications, le mal est faite ! Tu m'as faite tellement mal, si tu savais…
40 (*Silence.*) Comment peux-tu penser… que j'ai déjà pensé des choses pareilles, que j'ai déjà dit des choses aussi… monstrueuses à ton père !

CLAUDE

J'le sais que tu les as jamais dites, ces choses-là… C'est pour ça que j'les ai écrites, justement. Moman, y'a des choses ici-dedans qui auraient dû être réglées depuis longtemps pis qui traînent encore…

MADELEINE I

45 C'est pas à toi à décider de ce qui devrait être réglé ou non entre ton père pis moi…

[…]

CLAUDE

J'voulais pas les régler… J'voulais pas les régler mais j'voulais que ces choses-là soient dites une fois pour toutes.

[…]

CLAUDE

Tu m'as parlé de ton orgueil, tout à l'heure… Tu disais que t'étais trop
50 orgueilleuse pour parler de ces choses-là avec papa… Mais le silence, maman, c'est pas aussi humiliant ? C'est ben beau de rester ici enfermée pis de te défrustrer dans ta tête mais ça t'humilie pas d'être complice de tout ce qu'y t'a fait dans ta vie ? Y'est dans son bain, en haut, là, on l'entendait chanter, tout à l'heure… Sa présence t'insulte
55 pas ? Sa grossièreté, son pètage de bretelles [1], ses rots de bière te font pas frémir ? Ça serait pas… une plus grande jouissance que d'aller y dire au-dessus de son bain que tu sais tout, depuis toujours, pis que tu le méprises ?

---

1. Pètage de bretelles : vantardise.

MADELEINE I

C'est à toi, que ça ferait du bien, Claude. C'est tes problèmes à toi avec lui
60 que t'as réglés dans c'te pièce-là, pas les miens! Pis veux-tu que j't'e dise
une chose qui va te faire frémir encore plus? T'as été injuste avec lui!

CLAUDE

Maman!

MADELEINE I

Oui, oui, injuste! Y'est pas le quart aussi écœurant que c'que t'en
as faite!

CLAUDE

65 Tu veux parler de la scène avec Mariette?

MADELEINE I

J'veux parler de tout! T'en as faite un monstre alors que c'est juste un
pauvre homme sans envergure, sans envergure, Claude, qui cache son
manque de génie en dessous des farces cochonnes! Y'a une mémoire
extraordinaire pour retenir les farces plates pis ça y donne l'impres-
70 sion d'être quelqu'un! C'est tout! Y'est même pas méchant! Ben oui,
y'aime les femmes, y voyage, pis y'a des occasions… Mais ça t'est
jamais passé par l'idée que ça pouvait faire mon affaire? Qu'y soit
loin, pis qu'y'en connaisse d'autres?

CLAUDE

Là, tu dis pas c'que tu penses!

MADELEINE I

75 C'est vrai. J'pense que j's'rais prête à dire n'importe quoi, là, pour te
prouver que t'as tort… (*Brusquement:*) C'est vrai que j'ai toujours pilé
sur mon orgueil, bon, pis après? Ça te donne pas le droit de me juger!
(*Elle s'approche très près de Claude.*) Chus tu-seule avec moi-même à
l'intérieur de ma tête, Claude, ça fait que chus tu-seule à savoir c'que
80 je pense. Pour qui tu te prends pour venir m'interpréter? Le messie?
Tu veux me sauver? Laisse-moi donc me sauver tu-seule, s'il vous plaît,
j'ai pas besoin de toi! Pis j'ai surtout pas besoin que tu viennes me faire
douter de moi-même! Quand j'ai lu ta pièce, c'est sûr que j'ai été
ébranlée! J'ai douté. J'ai douté de moi. J'ai douté d'avoir raison! J'me

85 sus vue, là, dans le salon, en train d'engueuler ton père, de le crucifier
avec un sens de la répartie que j'ai jamais eu, pis j'me sus dit : quelle
belle fin, quelle belle façon de mettre un point final à tout ça, mais les
conséquences m'ont fait tellement peur ! J'aime mieux continuer à
rêver des scènes qui sont belles pis que je peux reprendre quand je
90 veux que de risquer d'en manquer une d'une façon irrémédiable et
jamais me le pardonner ! (*Silence.*) J'étais tellement fière de toi quand
tu m'as appris que t'avais écrit une pièce de théâtre ! J'ai tellement toujours été contente que tu veules devenir écrivain… J't'ai encouragé
autant que j'ai pu, même quand les autres te taquinaient là-dessus…

CLAUDE

95 Y me taquinaient pas, y riaient de moi !

MADELEINE I

Mettons… Moi, j'me disais… Un artiste dans'famille, un écrivain,
surtout, ça va faire changement de ce qu'on a toujours connu…
J'avais jamais rencontré personne dans toute ma vie qui voulait
devenir un artiste ! Pis tout d'un coup y'en avait un dans ma maison !
100 Y'a pas si longtemps j'te trouvais endormi dans ton lit, quand tu restais encore ici, avec un papier pis un crayon dans les mains… tu reve-
nais de tes boîtes de beatnicks [1], tu te garrochais sur du papier pis tu
t'enfermais pendant des heures dans ta chambre. Ça me faisait peur
parce que j'avais l'impression que le monde que tu fréquentais était
105 dangereux… mais quequ'part j'étais flattée… qu'ici, dans ma maison,
y'aye quelqu'un qui s'intéressait à d'autre chose que le hockey l'hiver
pis le maudit baseball l'été ! J'avais trouvé un allié pour m'insurger
quand arrivait le samedi soir à huit heures… Tu t'en rappelles, quand
ton père était ici, le samedi soir, quand t'étais petit, les discussions
110 qu'on avait parce que nous autres on aimait mieux regarder la vue [2]
au 6, même si c'était en anglais, pis que ton père pis Mariette vou-
laient regarder leur hockey ? C'est toujours eux autres qui gagnaient,
ça fait que tu claquais la porte de ta chambre… pis j'savais c'que tu
faisais… Tu me faisais pas lire c'que t'écrivais pis je demandais pas de

---

1. Boîtes de beatnicks : bars fréquentés par des jeunes anticonformistes qui rejettent les valeurs
de la société de consommation.
2. Vue : film.

115 le lire non plus… J'attendais… J'attendais c'qui est arrivé cette
semaine, j'suppose… que t'arrives un bon jour pis que tu me dises…
« Tiens, lis ça, pis dis-moi c'que t'en penses… » J'étais tellement fière,
l'autre jour ! Enfin, un gros paquet de papier à lire… J'avais jamais vu
ça, un manuscrit. Ça ressemblait pas à un livre mais ça avait des
120 chances d'en devenir un… pis… j'étais probablement une des premières personnes à le lire… avant l'éditeur… avant l'imprimeur…
Aussitôt que t'as été parti, chus venue m'installer ici… J'tremblais,
c'est pas mêlant… J'me disais… j'vas enfin savoir… tout ce qu'y préparait tout ce temps-là… J'ai lu le titre… J'ai pas trop compris c'que
125 ça voulait dire mais c'est pas grave… J'ai lu les noms des personnages… J'ai trouvé ça cute que t'aye donné nos noms à des
personnages de théâtre… T'sais… j'avais jamais lu ça, une pièce de
théâtre, moi, pis j'ai eu de la misère au début à comprendre comment
ça marchait… Mais… au bout de queque'pages… la déception…
130 non, pire que la déception… j'sais pas si y'a un mot pour décrire
c'que j'ai ressenti… C'tait comme une brûlure dans mon ventre…
comme le vertige quand on apprend une mauvaise nouvelle tout d'un
coup… La trahison ! C'est ça, j'ai eu l'impression d'être trahie par
mon propre enfant… Je r'trouvais toute ma vie… défigurée…
135 J'entendais Mariette quand t'étais petit nous crier qu'a'venait encore
de te retrouver dans quequ'coin en train de l'espionner… pis j'me sus
dit… tout ce temps-là, c'est-tu elle qui avait raison ? J'ai-tu élevé un
espion qui enregistrait toute c'qu'on faisait pour pouvoir rire de nous
autres plus tard… Surtout que… tu t'es pas livré, toi, là-dedans, en fin
140 de compte. C'est surtout de ça que je voulais te parler. T'as parlé de
tout le monde, dans'famille, sauf de toi. C'est-à-dire que les personnages parlent de toi, mais t'es pas là. Jamais. Comment ça se fait, ça ?
Moi, j'ai toujours pensé que les écrivains écrivaient pour parler d'eux
autres… pour essayer de s'expliquer eux autres… Mais toi, t'as même
145 pas eu le courage de te mettre dans ta propre pièce. Quand on a fini
de lire ça, on le sait pas qui c'que t'es ! T'as faite de nous autres des
portraits effrayants, t'as arrangé la réalité comme tu voulais, comme
ça faisait ton affaire, t'as même gardé nos noms, Claude, mais tu t'es
caché, toi. Tu t'es mis en arrière de nous autres en disant au monde :
150 r'gardez comme y sont laids, comme y sont ridicules…

CLAUDE

J'ai jamais dit que vous étiez laids pis ridicules. Pis si j'ai pas parlé de moi, c'est peut-être parce que j'me trouve pas assez intéressant.

MADELEINE I

Voyons donc! T'as toujours tout fait, ici-dedans, pour attirer l'attention, comment ça se fait que tu te trouves pus intéressant, tout d'un
155 coup! Moi, j'penserais plutôt que c'est de la lâcheté… Tu reproches à ton père tout le long de la pièce d'être un lâche pis tu vaux pas tellement mieux toi-même… C'est pas un acte de courage, tu sais, d'écrire une pièce sur du monde qui peuvent pas se défendre… comment tu veux qu'on te réponde? Tout ce qu'on peut faire, c'est de rester là, à
160 subir tes affronts, à endurer tes mensonges, parce que c'est toutes des mensonges, ça, Claude…

CLAUDE

C'est pas des mensonges, maman. C'est ma façon à moi de voir les choses… C'est une… version de la réalité.

MADELEINE I

C'est une version que tu veux emmener sur la place publique tandis
165 que notre version, à nous autres, on est obligés d'la garder pour nous autres!

CLAUDE

Tu dis que t'aimes mieux le silence… Moi j'ai décidé de prendre la parole…

MADELEINE I

Mais c'est pas la bonne! T'as pris la parole pour nous autres, Claude,
170 qui c'est qui te donnait ce droit-là? Pis en plus c'est la seule qui va rester parce que c'est la seule qui est écrite! T'as pas le droit de faire ça! T'as pas le droit! Prends la parole pour toi tant que tu voudras, exprime-toi, conte-nous tes malheurs, mais laisse-nous tranquilles! J'ai ouvert ça en pensant que j'apprendrais enfin qui était mon
175 enfant pis tout c'que j'ai trouvé… Ah! j'veux pas tout répéter ça encore une fois…

Claude

Tous les écrivains font ça, maman, prendre des choses autour d'eux pis les restituer de la façon qu'y les voient, eux…

Madeleine I

C'est pas une raison ! Les autres écrivains, j'les connais pas pis y'écri-
180 vent pas des mensonges sur mon compte ! Tu te défends mal, Claude…
C'est-tu parce que tu sais que tu pourrais rien me répondre ?

Claude

Maman… tu connais pas ça, le théâtre…

Madeleine I

Pourquoi tu m'as fait lire ça, d'abord ? Tu me donnes un miroir qui déforme toute pis après tu me dis que chus pas capable de com-
185 prendre c'qu'y a dedans…

Claude

Au contraire, j'te l'ai dit, tout à l'heure, j'pensais que tu comprendrais, que t'apprécierais c'que j'ai essayé de faire…

Madeleine I

Apprécier ! Apprécier quoi ! La caricature ? Le mépris ?

Claude

Le mépris ? T'as vraiment senti du mépris, dans ma pièce ? Même
190 pour toi ?

Madeleine I

Oui.

Claude

Pour papa, t'as raison… mais pour Mariette pis toi… J'ai pourtant fait ça… avec la meilleure volonté du monde… pour vous défendre.

Madeleine I

J'te l'ai dit, tout à l'heure… J'avais pas besoin que tu me défendes…

Claude

195 Mais si moi j'avais besoin de vous défendre ? Si c'était ma façon à moi de m'exprimer ! À travers vous autres ? C'est peut-être vrai que c'est

du travail d'espion, en fin de compte, que j'me sus servi de tout c'que j'pensais savoir sur vous autres pour dire des choses qui sont pas agréables à entendre… que tu veux pas entendre… mais j'ai le droit ! 200 Pis y faut me le laisser !

MADELEINE I

Non. Justement.

Qui a raison ? Madeleine ou Claude ? L'auteur a-t-il le droit de se servir de la réalité qui l'entoure, de la vie de ses proches, pour en faire une œuvre de fiction ? Dans quelle mesure cette œuvre est-elle un juste reflet du réel ? Et se doit-elle de l'être ? Que reste-t-il du « vrai monde » une fois la réalité passée au tamis de l'écriture ? Toutes ces questions sont fondamentales pour définir la conception qu'on a du théâtre, domaine où il est souvent difficile de séparer réalité et fiction. Michel Tremblay l'a bien senti, d'où la présence du point d'interrogation à la fin du titre de sa pièce.

Depuis ses origines, dans l'Antiquité grecque, le théâtre interroge la frontière entre le réel et l'imaginaire. Les premiers théoriciens du théâtre, Platon (428-348 av. J.-C.) et Aristote (384-322 av. J.-C.), y voient déjà l'idée de *mimesis,* c'est-à-dire d'imitation. Pour le premier, cette imitation est dangereuse et condamnable parce qu'elle est trompeuse et qu'elle s'éloigne du rationnel. Le second y trouve un effet vertueux, appelé *catharsis,* qui fait que le spectateur purifie son être grâce aux sentiments suscités par la représentation théâtrale.

Au Québec, dès le début de son histoire, le clergé catholique voit lui aussi un danger dans la pratique théâtrale, considérée comme une atteinte aux bonnes mœurs. Un bon catholique se doit d'éviter la fréquentation des salles de théâtre, où sont présentées des œuvres jugées immorales. Ces réticences de l'Église ne sont pas étrangères à la lente émergence d'un théâtre proprement national : 400 ans de théâtre au Québec, c'est d'abord plus de 300 ans de tentatives plus ou moins fructueuses, et la plupart du temps éphémères, d'installer une véritable tradition théâtrale. Il faudra attendre longtemps avant de voir l'instauration d'une institution théâtrale solide au Québec.

En Europe, les premières décennies du xxᵉ siècle connaissent une véritable révolution de la façon de faire du théâtre. Au tournant du siècle, en Russie, Constantin Stanislavski (1863-1938) travaille la mise en scène et la direction d'acteurs avec, entre autres, les pièces d'Anton Tchekhov, dramaturge russe (1860-1904). Dans les années 1930, l'écrivain et acteur français Antonin Artaud (1896-1948) s'inspire des techniques de théâtre orientales pour proposer ce qu'il appelle le théâtre de la cruauté. Rejetant la psychologie et le rationalisme qui entourent la pratique théâtrale en Occident, Artaud prône un théâtre davantage physique, qui doit nécessairement déséquilibrer à la fois l'acteur et le spectateur dans une expérience unique, voire dangereuse. Pendant ce temps, en Allemagne, Bertolt Brecht (1898-1956) conçoit un théâtre épique, c'est-à-dire à visée sociale et politique. Selon cet auteur, le théâtre n'est plus simple divertissement, mais plutôt outil éducatif. Ainsi, l'art dramatique doit absolument rompre avec l'illusion et le phénomène d'identification qui le caractérisent depuis ses origines pour produire un effet de distanciation afin que le public perçoive le spectacle avec une plus grande objectivité [1].

Au Québec, le contexte est différent : la société et les institutions restent très traditionnelles. Des œuvres comme le *Refus global* [2] (1948) causent beaucoup de remous. L'abandon des conventions se fait peu à peu au cours des années 1950, sous l'impulsion d'intellectuels et d'artistes qui dénoncent de plus en plus la situation étouffante de la société québécoise. La modernité prend le pas sur la tradition. Naît alors une dramaturgie marquée de réalisme, mettant en scène des histoires et des personnages auxquels le public s'identifie. Véritable miroir de notre société, reflet éclairant de nos maux et de nos mots, le théâtre permet à des générations, depuis maintenant 60 ans, de se reconnaître et de se construire, de s'inventer et de s'incarner, de rire et de pleurer. Parcourir l'histoire du théâtre au Québec par l'entremise de ses œuvres, c'est une façon de comprendre qui on est et d'où l'on vient en tant que peuple, mais aussi en tant qu'individu.

---

1. Cette conception du théâtre se comprend, remise dans le contexte de l'époque, où le marxisme recueille une large adhésion en Europe.
2. Le *Refus global*, écrit par Paul-Émile Borduas et signé par 15 artistes, dénonce l'oppression dont est victime la société québécoise et qui constitue une entrave à la liberté de création.

LE THEATRE DE NEPTVNE
EN LA NOVVELLE-FRANCE

Representé sur les flots du Port Royal le quatorziéme de Novembre mille six cens six, au retour du Sieur de Poutrincourt du païs des Armouchiquois.

Neptune commence revetu d'vn voile de couleur bleuë, & de brodequins, ayant la chevelure & la barbe longues & chenuës, tenant son Trident en main, assis sur son chariot paré de ses couleurs: ledit chariot trainé sur les ondes par six Tritons jusques à l'abord de la chaloupe où s'estoit mis ledit Sieur de Poutrincourt & ses gens sortant de la barque pour venir à terre. Lors ladite chaloupe accrochée, Neptune commence ainsi.

NEPTVNE

ARRETE, Sagamos,* arréte toy ici,
Et écoutes † vn Dieu qui a de toy souci,
Si tu ne me conois, Saturne fut mon pere,
Ie suis de Iupiter & de Pluton le frere.
Entre nous trois jadis fut parti l'Vnivers,
Iupiter eut le ciel, Pluton eut les enfers,
Et moy plus hazardeux eu la mer en partage,
Et le gouvernement de ce moite heritage.
Neptvne c'est mõ nom, Neptune l'vn des Dieux
Qui a plus de pouvoir souz la voute des cieux.
Si l'homme veut avoir vne heureuse fortune
Il lui faut implorer le secours de Neptune.
Car celui qui chez soy demeure cazanier
Merite seulement le nom de cuisinier.
Ie fay que le Flamen en peu de temps chemine

Aussi-tot

* C'est vn mot de Sauvage, qui signifie Captaine.
† [Regardes. Edition of 1612–1618].

LES PREMIÈRES

MANIFESTATIONS

lle six
quois.
ant la
, assis
es par
eur de
ladite

Si tu ne me conois, Saturne fut mon pere,
Ie suis de Iupiter & de Pluton le frere.
Entre nous trois jadis fut parti l'Vnivers,
Iupiter eut le ciel, Pluton eut les enfers,
Et moy plus hazardeux eu la mer en partage,
Et le gouvernement de ce moite heritage.
Neptvne c'est mõ nom, Neptune l'vn des Dieux
Qui a plus de pouvoir souz la voute des cieux.
Si l'homme veut avoir vne heureuse fortune
Il lui faut implorer le secours de Neptune.
Car celui qui chez soy demeure cæzanier
Merite seulement le nom de cuisinier.
Ie fay que le Flamen en peu de temps chemine

Aussi-tot

* C'est vn mot de Sauvage, qui signifie Captaine.
† [Regardes. Edition of 1612–1618].

LES PREMIÈRES MANIFESTATIONS

Le théâtre en Nouvelle-France

Les premiers colons français à venir s'établir en terre d'Amérique se regroupent dans ce qu'on appelle alors une « habitation ». Celle de Port-Royal, établie en 1605 [1], a été confiée au sieur de Poutrincourt. En septembre 1606, celui-ci s'en va en compagnie de Samuel de Champlain explorer les terres un peu plus au sud, espérant y trouver un climat plus clément pour mieux installer la colonie. Pendant son absence, la responsabilité de l'habitation revient à Marc Lescarbot, un ami de Poutrincourt parti de France cet été-là pour l'aventure vers le Nouveau Monde. Afin de célébrer le retour de Poutrincourt et de sa flotte, Lescarbot, avocat de formation, compose un poème dramatique, *Le Théâtre de Neptune en la Nouvelle-France*. La première représentation théâtrale en français en Amérique a donc lieu deux ans avant la fondation de la ville de Québec. Comme la fréquentation des théâtres est étroitement liée à la vie urbaine, on est bien sûr encore très loin de l'établissement d'une réelle pratique théâtrale.

Ce texte de Lescarbot, le premier dans l'histoire de notre dramaturgie, met en scène le dieu Neptune entouré de six Tritons et de quatre « Sauvages », s'avançant sur un radeau pour accueillir la flotte du sieur de Poutrincourt. Neptune prend la parole pour l'assurer de son appui indéfectible, puis les six Tritons enchaînent tour à tour en louant son entreprise. Viennent ensuite les « Sauvages » qui lui offrent chacun un présent, puis un maître d'hôtel qui, sur un ton beaucoup moins solennel, convie tout le monde à un festin. Évidemment, même si la mise en scène est plutôt audacieuse (les acteurs jouent sur l'eau, à la mi-novembre), ce ne sont pas tant les qualités littéraires qui font la fortune de ce texte que les circonstances dans lesquelles il est joué. La colonie française n'en est qu'à ses premières années, et ses pionniers sont avant tout préoccupés par leur propre survie plutôt que par le besoin de se divertir. Lescarbot, conscient de certaines faiblesses de son œuvre, prend d'ailleurs cette précaution, à la fin de son texte : « Je prie le Lecteur d'excuser si ces rimes ne sont si bien limées que les

---

1. Port-Royal est situé dans ce qui est aujourd'hui la portion acadienne de la Nouvelle-Écosse.

hommes délicats pourraient désirer. Elles ont été faites à la hâte. Mais néanmoins je les ai voulu insérer ici, tant pour ce qu'elles servent à notre Histoire, que pour montrer que nous vivions joyeusement[1]. »

Marc LESCARBOT
(1570-1642)

Le Théâtre de Neptune en la Nouvelle-France
(1606)

NEPTUNE

ARRÊTE, *Sagamos*[2], arrête-toi ici,
Et regarde un Dieu qui a de toi souci.
[…]
Ainsi je veux toujours seconder tes desseins,
Ainsi je ne veux point que tes efforts soient vains,
5 Puisque si constamment tu as eu le courage
De venir de si loin rechercher ce rivage
Pour établir ici un royaume français
Et y faire garder mes statuts et mes lois.
Par mon sacré Trident, par mon sceptre je jure
10 Que de favoriser ton projet j'aurai cure,
Et oncques[3] je n'aurai en moi-même repos
Qu'en tout cet environ je ne voie mes flots
Ahaner[4] sous le faix de dix mille navires
Qui fassent d'un clin d'œil tout ce que tu désires.
15 Va donc heureusement, et poursuis ton chemin
Où le sort te conduit : car je vois le destin

1. Cité dans *Spectacle of Empire : Marc Lescarbot's Theatre of Neptune in New France*, p. 57. Cette version est adaptée en français contemporain. Pour consulter l'édition originale (1612), voir le site Web de l'Université de Moncton :
www2.umoncton.ca/cfdocs/cea/livres/doc.cfm?livre=neptune.
2. Note de Lescarbot : « C'est un mot de Sauvage, qui signifie Capitaine. »
3. Oncques : jamais.
4. Ahaner : peiner.

Préparer à la France un florissant Empire
En ce monde nouveau, qui bien loin fera bruire
Le renom immortel de De Monts [1] et de toi
20 Sous le règne puissant de HENRY votre Roi.

[…]

Deuxième Sauvage

[…]
Voici la main, l'arc et la flèche
Qui ont fait la mortelle brèche
En l'animal de qui la peau
Pourra servir d'un bon manteau
25 (Grand *Sagamos*) à ta hautesse.
Reçois donc de ma petitesse
Cette offrande qu'à ta grandeur
J'offre du meilleur de mon cœur.

[…]

[Un compagnon]

Après avoir longtemps (*Sagamos*) désiré
30 Ton retour en ce lieu, enfin le ciel iré [2]
A eu pitié de nous, et nous montrant ta face
Nous a favorisé d'une incroyable grâce.
Sus donc rôtisseurs, dépensiers, cuisiniers,
Marmitons, pâtissiers, fricasseurs, taverniers,
35 Mettez dessus dessous pots et plats et cuisine,
Qu'on baille à ces gens-ci chacun sa quarte pleine,
Je les vois altérés *sicut terra sine aqua* [3].
Garçon dépêche-toi, baille à chacun son K [4].

---

1. Pierre du Gua de Monts, explorateur et fondateur de Port-Royal, premier
   établissement permanent du Canada.
2. Iré : en colère ; ici, au sens figuré, orageux.
3. *Sicut terra sine aqua* : littéralement, « comme de la terre sans eau », en latin ; les hommes
   ont tellement soif qu'ils sont comme de la terre desséchée.
4. Baille à chacun son K : probablement, donne à chacun son dû.

Cuisiniers, ces canards sont-ils point à la broche?
40 Qu'on tue ces poulets, que cette oie on embroche,
Voici venir à nous force bons compagnons
Autant délibérez des dents que des rognons.
Entrez dedans, Messieurs, pour votre bienvenue,
Qu'avant boire chacun hautement éternue,
45 Afin de décharger toutes froides humeurs
Et remplir vos cerveaux de plus douces vapeurs.

Le théâtre de collège

Au XVIIe siècle, à mesure que se consolide la jeune colonie française, les premières institutions voient le jour. Les hôpitaux et les écoles sont sous l'égide du clergé, qui aura une influence considérable sur l'évolution du théâtre au Québec. C'est donc dans un contexte scolaire que s'instaurera la tradition théâtrale en Nouvelle-France. Les Jésuites et les Ursulines [1], respectivement responsables de l'éducation des garçons et des filles, produisent les pièces, présentées dans les collèges d'abord sous le Régime français, puis à la suite de la conquête anglaise de 1763. La pratique du théâtre n'a rien de professionnel, elle a pour but de mettre à l'épreuve la diction et la déclamation des élèves. On ne donne qu'une ou deux représentations, la plupart du temps pour souligner la fin de l'année scolaire et présenter aux parents le fruit du travail effectué. Le théâtre poursuit ainsi une visée clairement pédagogique.

Par ailleurs ont lieu tout au long du XVIIe siècle ce qu'on appelle des « réceptions ». Ce sont des représentations données dans les collèges en l'honneur d'un dignitaire, souvent un nouveau gouverneur, afin de souligner son arrivée et de lui souhaiter la bienvenue dans la colonie. Les élèves y prononcent une harangue, c'est-à-dire des compliments dans un parler noble. Les spectacles se déroulent en

---

1. À Québec, le collège des Jésuites a été fondé en 1635 et l'école des Ursulines, en 1639.

partie en latin, en partie en français. Les Amérindiens, Hurons et Algonquins, y participent à l'occasion, faisant en leur langue des salutations au dignitaire. Les réceptions revêtent un caractère politique important puisqu'on y réclame, par le biais du discours plaisant, une aide et une protection militaires contre les Iroquois, à qui Français, Hurons et Algonquins livrent alors une guerre de territoire.

L'affaire Tartuffe

Si le théâtre de collège se fait sous la responsabilité des religieux, c'est sans doute en partie pour que ceux-ci gardent le droit de regard sur les pièces présentées. Les textes, judicieusement choisis, doivent contribuer à l'éducation morale des jeunes ouailles. Seules les farces, les comédies comportant une morale et les tragédies à caractère biblique ou sacré sont montées dans les écoles. Les grands noms du théâtre français de l'époque, les Corneille, Molière, Racine, n'entrent point dans les bonnes grâces du clergé. Monseigneur de Saint-Vallier (1653-1727), archevêque de Québec à partir de 1685, descend systématiquement le théâtre en flammes. Il se dresse farouchement contre le gouverneur Frontenac dans ce qui va devenir l'un des plus célèbres épisodes de l'histoire du théâtre en Nouvelle-France : l'affaire Tartuffe.

Frontenac avait comme lieutenant un dénommé Jacques-Théodore Cosineau de Mareuil, qui s'occupait du divertissement au château Saint-Louis, à Québec. Arrivé en Nouvelle-France au printemps 1693, de Mareuil allait y faire un bref mais retentissant séjour. Dès son arrivée, il présente des pièces de Corneille et de Racine à l'occasion du carnaval. En janvier 1694, de Mareuil manifeste l'intention de monter le célèbre *Tartuffe* de Molière. Cette pièce avait été condamnée par le roi et par l'Église de France quelque 30 ans auparavant, car elle avait été perçue comme une attaque à la religion et à ses valeurs. Le clergé, sous la figure de Mgr de Saint-Vallier, voit donc d'un très mauvais œil le projet et lance, dès le 16 janvier, un mandement[1] à lire en chaire, dans lequel de Mareuil est visé directement. Atteint dans sa réputation, le lieutenant riposte par un envoi notarié. Il est

---

1. Mandement : écrit dans lequel un évêque donne à ses fidèles des instructions ou des ordres relatifs à la religion.

alors traduit en justice et emprisonné. Le gouverneur lui-même intervient alors, et il porte la cause à l'attention du roi, tel que le stipulait la justice de l'époque. De Mareuil est rapatrié en France et l'affaire réglée par la somme de 100 pistoles[1] remise par Mgr de Saint-Vallier à Frontenac en guise de dédommagement.

Ce court épisode dans l'histoire du théâtre évoque avec éclat l'affrontement entre deux pouvoirs : le religieux et le politique. L'affaire Tartuffe a fait beaucoup de remous et est entrée dans les annales puisqu'elle a constitué le premier d'une longue série d'interdits prononcés contre le théâtre par le clergé catholique, en Nouvelle-France puis sous le Régime anglais. Le *Mandement au sujet des comédies* de Mgr de Saint-Vallier a fait office de véritable loi pendant les deux siècles suivants, mettant un frein important à l'évolution d'un théâtre national.

Le théâtre dans les garnisons

Malgré les interdictions de l'Église, l'élite de l'époque conserve le goût du divertissement. Sous le Régime français, le théâtre produit hors du contexte scolaire l'est surtout par des militaires désœuvrés durant l'hiver. Monter une pièce de Molière ou de Racine représente alors le divertissement par excellence. Lorsque la colonie passe aux mains des Anglais, la tradition théâtrale dans les garnisons se poursuit : que l'on soit français ou anglais, les longs mois d'hiver demeurent et il faut bien trouver moyen de s'amuser un peu. Les garnisons anglaises présentent évidemment du théâtre anglais en langue anglaise à un public anglais, mais s'efforcent aussi de satisfaire la population française et jouent donc dans l'autre langue. Dans la deuxième moitié du XVIIIe siècle, plusieurs pièces de Molière sont ainsi présentées à Québec et à Montréal : *Dom Juan* en 1765, *Le Bourgeois gentilhomme* et *Le Médecin malgré lui* entre 1774 et 1776, *Les Fourberies de Scapin* en 1781. Les textes de Molière et de ses contemporains français répondent sans

---

1. Cela constituait une somme importante si l'on considère qu'entre 1650 et 1700 un chirurgien gagnait annuellement autour de 15 pistoles, et qu'une vache se vendait environ 5 pistoles.

doute aux élans de nostalgie de ceux qui sont restés attachés à la mère patrie. Les autorités anglaises, qui évitent d'alimenter les hostilités en temps de guerre et qui souhaitent l'assimilation progressive de la population française, peuvent alors envisager le théâtre comme une entreprise de séduction tout à leur avantage.

La troupe du Théâtre de Société

L'allégeance à un régime ou à un autre sera le sujet d'une pièce de Joseph Quesnel (1746-1809), un marchand français arrivé au Québec en 1780. Si les conditions d'une activité théâtrale régulière et organisée sont encore loin d'être réunies, certains originaux ont, malgré tout, un intérêt marqué pour la chose dramatique, dont Quesnel, qui fonde avec quelques amis une troupe appelée le Théâtre de Société. Ils offrent au cours de l'hiver 1789-1790 quatre soirées théâtrales lors desquelles est présenté un programme double, des pièces de Regnard[1] notamment puis une création de Quesnel intitulée *Colas et Colinette,* un opéra-comique en prose. On retient cependant le nom de Quesnel pour une autre de ses œuvres, *L'Anglomanie ou le Dîner à l'angloise,* écrite en 1802. Il s'agit en effet de la première pièce de théâtre au sujet proprement national, décrivant le passage du Régime français au Régime anglais.

Dans cette pièce, Monsieur Primenbourg reçoit la visite de son gendre, colonel dans l'armée britannique, qui lui propose de recevoir à dîner le lendemain le gouverneur et sa femme. Enthousiaste à cette idée, il doit cependant faire avaler l'idée à sa femme, Madame Primembourg, et à sa belle-mère, la douairière[2], toutes deux restées fidèles aux valeurs françaises. La comédie de Quesnel dénonce une certaine forme d'assimilation et de snobisme des Canadiens en opposant la fidélité à la mère patrie de certains à l'asservissement dont sont victimes d'autres.

---

1. Jean-François Regnard est un écrivain et un dramaturge français né à Paris en 1655. Une de ses comédies les plus célèbres, *Le Légataire universel,* a souvent été jouée dans la province jusqu'au début du xxᵉ siècle.
2. Douairière : veuve qui jouit des biens de son mari.

Joseph QUESNEL
(1746-1809)

L'Anglomanie ou le Dîner à l'angloise
(1802)

MADAME PRIMENBOURG
Ah ! mon gendre, bonjour.
J'ignorais qu'en ce lieu vous fussiez de retour.

LE COLONEL
Mesdames, un instant, je viens voir la famille.

MADAME PRIMENBOURG
Soyez le bienvenu.

LA DOUAIRIÈRE
5 Comment va notre fille ?

LE COLONEL
Toujours à l'ordinaire. On prit hier le thé
Chez le vieux général, et je suis invité
Avec elle aujourd'hui chez la jeune baronne.

LA DOUAIRIÈRE
Vous la ferez mourir, je crois, Dieu me pardonne,
10 Avec tout ce thé-là ! Du temps de nos Français
Qu'on se portait si bien — en buvait-on jamais ?
Jamais — que pour remède, ou bien pour la migraine ;
Mais avec vos Anglais la mode est qu'on le prenne
Soir et matin, sans goût et sans nécessité ;
15 On croirait être mort si l'on manquait de thé ;
Aussi, ne voit-on plus que des visages blêmes,
Des mauvais estomacs, des faces de carême,
Au lieu du teint vermeil de notre temps passé.
Voilà ce que produit cet usage insensé !

[…]

M. PRIMENBOURG

20 Vous tenez trop, ma mère, à vos anciens usages.

LA DOUAIRIÈRE

Les anciens, croyez-moi, n'étaient pas les moins sages.

M. PRIMENBOURG

Hé bien, soit ; mais enfin, puisqu'on a le bonheur
Aujourd'hui d'être anglais, on doit s'en faire honneur,
Et suivre, autant qu'on peut, les manières anglaises.

LA DOUAIRIÈRE

25 Hé bien, pour moi, mon fils, je m'en tiens aux françaises.
Contester avec vous c'est perdre son latin.
Tout comme il vous plaira réglez votre festin ;
Pour moi, je n'en suis pas ; adieu.

M. PRIMENBOURG, la regardant aller.

Je désespère
30 De jamais au bon ton accoutumer ma mère.

Le théâtre patriotique

Pendant la première moitié du XIXe siècle, les francophones ne
sont pas encore en mesure de soutenir une activité théâtrale professionnelle, ce qui n'est pas le cas de la communauté anglophone, dont
le théâtre reçoit l'appui du gouvernement britannique. Quelques
troupes françaises, dont la Société des jeunes artistes, viennent néanmoins se produire à Québec et à Montréal. Malgré ces visites, le
théâtre demeure l'apanage des troupes d'amateurs et la vie théâtrale
se trouve largement tributaire de ce qui se fait dans les collèges de la
province. Alors qu'il est sur les bancs d'école, Antoine Gérin-Lajoie
(1824-1882) écrit *Le Jeune Latour* (1844), le « premier drame patrio-
tique de notre histoire[1] ». À 19 ans, l'étudiant du Collège de Nicolet

---

1. Godin et Mailhot, *Le Théâtre québécois*, t. I, p. 36.

s'inspire de l'*Histoire du Canada* de Michel Bibaud[1] pour créer sa pièce, qui connaît un succès considérable lorsqu'elle est présentée à l'occasion des examens publics de fin d'année. Elle sera même publiée dans des journaux, une première. Un père, qui vient de se marier à une Anglaise en secondes noces, rentre au pays avec pour mission de convaincre son fils, Roger, de lui céder le fort de Cap-de-Sable, l'un des derniers retranchements de la résistance acadienne, et d'offrir au gouvernement anglais cette portion de territoire, en échange d'une large récompense. Le fils, fidèle à sa patrie, ne cède pas devant les arguments de Richard, son ancien précepteur. Il résiste aussi aux pleurs, aux prières et aux menaces de son père et voit son armée attaquée par celle de ce dernier. C'est finalement l'armée du fils qui met en déroute celle du père, à qui il pardonne. Si la structure et la thématique sont celles du théâtre classique apparenté à Corneille, alors certainement enseignées au jeune Gérin-Lajoie, le contexte, lui, est canadien.

Antoine *GÉRIN-LAJOIE*
(1824-1882)

Le Jeune Latour
(1844)

LE PÈRE

Roger, tu vas trop loin ; ce coin de l'Acadie,
Ce terroir hérissé, ce sol de barbarie
Que la France naguère a commis à ton bras,
Voilà ce que je veux : ne me rebute pas.
5 J'ai soigné ton enfance, et pendant vingt années
Mes soins te préparaient d'heureuses destinées.
Ô gage si chéri de mon premier amour,
Quand j'ai perdu ce sein qui t'a donné le jour,

---

1. Michel Bibaud (1782-1857), poète et essayiste, est le premier écrivain canadien-français à vivre de sa plume.

Ah! oui, je m'en souviens, quand ta mère expirante
10 Me pressa sur son cœur de sa main défaillante,
Et voulut m'embrasser pour la dernière fois,
Elle pleura longtemps, et sa mourante voix
Proféra pour adieu cette seule parole :
Mon cher époux, je meurs… que Roger te console…
15 Ô Roger… ô mon fils… regarde vers les cieux !
Ta mère y prie encor, rends-toi donc à mes vœux,
Toi qui dois m'adoucir les peines de ce monde…

ROGER

Ah! cessez, ma douleur est déjà trop profonde.
Ne pleurez plus : pourquoi chercher à m'attendrir ?
20 Je vous chéris encore et je veux vous chérir,
Et je ferai pour vous tout ce qu'on peut attendre
De l'ami le plus cher, et du fils le plus tendre.
Que voulez-vous de plus ? pour avoir votre amour
Faudra-t-il mériter de ne plus voir le jour ?

[…]

RICHARD

25 Songez du moins, Roger, que votre père est maître.

LE PÈRE

Pense aux maux effrayants qui vont fondre sur toi ;
Pense au bien que tu peux t'acquérir près de moi.

ROGER

Vainement voudra-t-on me déclarer la guerre,
En vain l'on m'offrirait le reste de la terre,
30 Non, tant que je vivrai, ce fort et ce pays
Seront soumis, mon père, aux armes de Louis.

LE PÈRE

Où prends-tu, fils ingrat, une telle insolence ?
Tu veux, je le vois bien, provoquer ma vengeance,
Tu voudrais m'irriter ; cruel, ne sais-tu pas
35 Que mes vaisseaux au port sont remplis de soldats ?

RICHARD

Réfléchissez, Roger… s'il faut que votre père
Fasse aux plus doux transports succéder la colère…
Mais non, songez plutôt, songez à son amour…
Peut-être il va demain vous quitter sans retour.
40 Ne vous abusez pas ; vous lui devez la vie,
Lui refuseriez-vous ce coin de l'Acadie ?
Mais il est temps, je crois, de prendre du repos.
La nuit qui des humains fait oublier les maux,
La nuit sur l'univers étend son noir empire ;
45 Allons, reposons-nous, et que Dieu vous inspire
De pieux sentiments pendant votre sommeil,
Et faites-nous-en part après votre réveil.

Un peu plus tard, Louis Fréchette aborde lui aussi, au théâtre, un événement important de notre histoire : la révolte des Patriotes (1837). Sa pièce *Papineau,* présentée en juin 1880 à l'Académie de musique de Montréal, est un véritable triomphe auprès du public francophone qui a bien peu d'occasions de voir sur scène un fragment de ce qui fait partie de son propre héritage. Les moyens techniques de ce spectacle sont comparables à ceux des productions de Broadway, alors présentées en tournée dans les grandes villes. Les effets spéciaux ainsi que le grand nombre de comédiens sur scène en font une production des plus impressionnantes. Le sujet lui-même touche particulièrement le public, puisque les événements évoqués ne sont pas si lointains ; certains spectateurs ont pu être eux-mêmes témoins des affrontements qui se sont déroulés quelques décennies plus tôt.

Le théâtre venu d'ailleurs

Si les productions locales demeurent rares et sont généralement l'œuvre d'amateurs, les représentations théâtrales professionnelles sont de plus en plus nombreuses, mais il s'agit d'un théâtre qui vient de l'étranger. Dès 1826, des troupes européennes traversent l'Atlantique et s'arrêtent le temps de quelques représentations dans les

Le Théâtre Royal à Montréal.

nouvelles salles qui voient le jour à Québec et à Montréal. La première salle de théâtre est fondée par John Molson en 1825, à l'angle des rues Bonsecours et Saint-Paul, à Montréal. Le Théâtre Royal était désigné sous le nom de Théâtre Molson ou Royal-Molson à cause de son fondateur. On peut d'abord y applaudir des troupes britanniques, puis françaises et américaines.

La venue de ces compagnies théâtrales inquiète le clergé, qui voit d'un mauvais œil la fréquentation des salles de théâtre. Tant et aussi longtemps qu'il demeure sous sa gouverne, telles les pièces montées dans les collèges, le théâtre ne constitue pas une menace. Par contre, le répertoire proposé par les troupes étrangères n'entre pas dans l'échelle des valeurs morales défendues par l'Église. Les membres du clergé condamnent la plupart des pièces présentées en tournée, sous prétexte qu'elles portent atteinte aux bonnes mœurs. Les évêques, dont Mgr Bourget, évêque de Montréal de 1846 à 1876, multiplient les lettres et avis à lire en chaire afin de décourager leurs ouailles de fréquenter les salles de théâtre.

Circulaire de Mgr l'évêque de Montréal contre le théâtre [1]
(1868)

Nos Très-Chers Frères,

Les journaux de cette ville nous apprennent l'arrivée prochaine d'une troupe d'acteurs étrangers, et nous font en même temps connaître la nature des pièces qu'ils doivent représenter ici comme
5   en France, en Angleterre et aux États-Unis.

Cette nouvelle a de quoi nous affliger tous, N. T. C. F. [2], et doit nous inspirer des craintes plus sérieuses que si l'on nous annonçait une nouvelle apparition du choléra ou du typhus ou de ces affreux tremblements de terre qui, dans ces derniers temps, ont causé tant
10   de ravages, englouti en un instant des villes entières et répandu

---

1. *Le Théâtre québécois: instrument de contestation sociale et politique*, p. 105-109.
2. Abréviation de «Nos Très-Chers Frères».

partout la consternation et la frayeur. Car, il s'agit d'une calamité plus redoutable que tous ces maux ensemble, de la peste qui empoisonne les cœurs et d'un scandale public qui démoralise les sociétés et attire sur le monde des fléaux épouvantables.

15   C'est donc pour Nous, N. T. C. F., un devoir impérieux d'élever la voix pour vous avertir que les pièces qui doivent être représentées, dans ce théâtre et par cette troupe de Comédiens venus de l'étranger, sont d'une immoralité révoltante, et qu'il n'y a vraiment que des cœurs tout à fait dépravés qui puissent n'y pas trouver de
20   mal. Car, tout y est calculé pour opérer sur tous les sens des impressions sensuelles et charnelles. Les gestes des acteurs sont, on ne peut plus, immodestes ; leurs discours, leurs paroles, leurs chants, en blessant les oreilles tant soit peu chastes, excitent les passions les plus honteuses, avec une malice vraiment infernale.

[…]

25   Ce sera, N. T. C. F., en faisant, avec ferveur, ces pieux exercices [1], que nous obtiendrons les lumières intérieures qui nous sont si nécessaires, pour mieux comprendre nos vrais intérêts pour ce monde et pour l'autre. N'est-il pas en effet visible qu'il se fait des dépenses extraordinaires au théâtre pour le luxe, la toilette et
30   autres objets de vanité et de curiosité, qui finissent par être des causes de ruine et de renversement de fortune ? Les sommes énormes qui y sont englouties n'occasionnent-elles pas, dans beaucoup de familles, des souffrances qui en bannissent le bonheur et la paix ? Ce que l'on donne à des acteurs, qui démoralisent les
35   grandes villes et les pays entiers, n'est-il pas enlevé au pauvre infirme, à l'enfant abandonné, au vieillard décrépit, à la veuve et à l'orphelin ? Mais les cris que poussent vers le ciel ces membres souffrants de Jésus-Christ, leurs souffrances et leurs gémissements ne font-ils pas nécessairement tomber, sur ceux qui se livrent, à
40   leurs dépens, à des plaisirs criminels, des anathèmes qui se font sentir sur les enfants et les petits-enfants, jusqu'à la dernière génération ? Si l'on employait à doter et à soutenir nos établissements

---

1. L'auteur de la lettre propose un certain nombre de prières spécifiques à faire au moment précis où les gens se rendent au théâtre.

de charité et à en créer d'autres, à mesure que le besoin s'en fait
sentir, les grosses et énormes sommes que viennent chercher des
45   acteurs et des comédiens, n'en serait-on pas plus béni du Ciel et
plus heureux sur la terre ?

[…]

Cette Circulaire sera lue au prône de toutes les Églises de la ville
et de la banlieue où se fait l'Office public, et au chapitre de toutes
les communautés, et commentée au besoin. Nous vous bénissons
50   tous, N. T. C. F., au nom de Notre Seigneur et de son Immaculée
Mère, qui, ayant écrasé la tête du serpent infernal, au premier
moment de sa conception pure et sans tache, voudra bien aussi
nous préserver du venin infect qu'il cherche à répandre dans notre
heureuse et paisible société.

55   † Ig., év. de Montréal.
Montréal, le 29 août 1868.

Toutefois, une partie de la population bourgeoise, dans les villes
surtout, fait fi des foudres de l'Église et se rend malgré tout au
théâtre pour applaudir les acteurs étrangers. L'une des grandes
vedettes dont le passage au Québec constitue un moment marquant
est Sarah Bernhardt, une actrice française de renom. Elle débarque
à Montréal pour la première fois en décembre 1880. Une foule
importante, massée autour de Louis Fréchette qui récite un poème
en son honneur, l'attend à son arrivée à la gare Windsor. La célèbre
actrice reviendra à plusieurs reprises jusqu'en 1917 à l'occasion de
grandes tournées nord-américaines. Ses visites ne manquent pas
d'être soulignées par les journaux et sont chaleureusement accueil-
lies par le public francophone pour qui Sarah Bernhardt symbolise
la culture française et incarne la mère patrie, désormais objet de
nostalgie des ancêtres.

À partir de 1860, les tournées de troupes venues des États-Unis
sont de mieux en mieux organisées, grâce notamment au réseau de
chemin de fer nord-américain qui passe par Montréal et Québec.
L'essentiel de l'activité théâtrale est contrôlé depuis New York, si bien

L'ACTRICE SARAH BERNHARDT EN 1880.

qu'à la fin du siècle, en 1896, les promoteurs américains instaurent un véritable monopole appelé le Trust. Cette hégémonie comporte ses avantages et ses inconvénients[1] : le public montréalais a accès aux plus grands spectacles de l'heure, mais rien de ce qui est présenté sur scène ne correspond à sa réalité.

Jusqu'à la fin du XIXe siècle, le théâtre est surtout l'affaire d'une élite bourgeoise ; la plupart des gens ordinaires ne vont pas au théâtre. Cependant, les choses changent avec l'avènement du vaudeville, qui touche un très large public grâce au coût d'entrée plus abordable, soit 10 cents — d'ailleurs, on appelait souvent les spectacles de vaudeville les *One Dime Theatres*. Composé d'une dizaine de numéros de variétés, dont le premier et le dernier sont une farce ou une comédie, le vaudeville constitue un genre accessible et divertissant pour le public francophone, qui présente déjà un goût prononcé pour tout ce qui se rattache à l'humour et à la magie du cirque. Attiré par le numéro du nain ou de la femme à barbe, le public populaire sera ainsi initié au théâtre.

Les spectacles d'ici : burlesque et cabaret

Au tournant du siècle, le théâtre connaît une activité jusqu'alors inhabituelle : les troupes se multiplient et de nombreuses salles ouvrent… et ferment. L'épidémie de grippe espagnole de 1918 de même que la fascination qu'exercent la radio et le cinéma viennent ralentir un temps l'élan que connaît le théâtre. C'est le burlesque, un genre apparenté au vaudeville, qui viendra relancer l'activité théâtrale. Ce genre, comprenant chant, musique et danse, se caractérise par une série de sketches comiques improvisés sur des canevas sommaires, auxquels s'ajoutent des numéros de variétés, dont la « ligne de danseuses » qui s'exécute entre les autres attractions. Les sketches, où le sens du *timing* et l'art de la mimique sont primordiaux, exploitent des valeurs sûres pour susciter le rire : le « gars soûl » qui dégringole les escaliers ou encore la tarte à la crème qu'on lance à la figure. Les

---

1. Voir « Entrée en scène des professionnels 1825-1930 », dans *Le Théâtre au Québec 1825-1980*, p. 43-44.

années 1930 à 1950 seront l'âge d'or du burlesque, avec son temple, le National, toujours ouvert rue Sainte-Catherine [1], et ses idoles : Olivier Guimond père et fils, Manda Parent et, la plus illustre de tous, Rose Ouellette, alias « La Poune ». L'apparition de la télévision, dans les années 1950, fait décliner le burlesque, qui gardera malgré tout des adeptes, avec Gilles Latulippe, jusqu'en 2000. Certaines vedettes du burlesque sont par ailleurs récupérées par le petit écran, où leur carrière connaît un second souffle.

Parallèlement, des auteurs comme Henri Letondal et Henri Deyglun signent des mélodrames ou des comédies dont l'action se situe au Québec. Créée en 1921, la pièce *Aurore, l'enfant martyre,* de Henri Rollin et Léon Petitjean, est représentée régulièrement jusqu'en 1951 avant d'être reprise à la radio et adaptée au cinéma. Des troupes comme celle de Barry et Duquesne offrent un théâtre plus sérieux et souhaitent proposer un répertoire plus moderne, mais se voient souvent forcées de jouer les succès parisiens, que le public préfère.

Les Compagnons de Saint-Laurent

En 1937, le père Émile Legault, prêtre des clercs de Sainte-Croix, fonde une troupe non professionnelle, les Compagnons de Saint-Laurent, avec six jeunes amateurs du Collège de Saint-Laurent. Présentant d'abord du théâtre à caractère chrétien, la troupe joue par la suite des pièces du répertoire classique et contemporain. Elle offre des spectacles en tournée partout dans la province. Pour le père Legault, le comédien est au service d'un texte, ainsi le jeu de l'acteur prend-il une dimension importante au sein de la troupe. Les Compagnons de Saint-Laurent ont servi de tremplin vers le théâtre professionnel pour plusieurs comédiens qui allaient faire carrière dans la seconde moitié du XXe siècle. Jean-Louis Roux, Gilles Pelletier, Guy Provost et Hélène Loiselle, notamment, ont passé par la troupe

---

1. Le National, situé au 1220, rue Sainte-Catherine Est, à Montréal, présente aujourd'hui des groupes musicaux ainsi que des chanteurs locaux et étrangers.

du père Legault avant de se rendre en Europe pour recevoir une for-mation d'acteur. À cette époque, le Québec n'a pas encore d'école de théâtre [1]; les gens qui montent sur scène ont appris leur métier sur le tas ou encore en s'exilant à l'étranger, là où ils pouvaient recevoir une formation professionnelle.

La naissance de la troupe du père Legault s'inscrit dans la longue tradition du théâtre de collège, pris en charge par des religieux. Ainsi, le rôle du clergé dans l'évolution du théâtre au Québec se révèle para-doxal : autant il dénonce le genre, autant il contribue à sa pratique. En réalité, les ecclésiastiques favorisent la diffusion d'un théâtre qui ne va pas à l'encontre de ses valeurs. Les textes jugés vulgaires ou dont le propos est plutôt léger ne trouvent pas grâce aux yeux du clergé, qui s'empresse de les condamner. L'Église catholique a tenu et tiendra encore longtemps ce double rôle de moteur et de frein à la tradition théâtrale au Québec.

---

1. Le Conservatoire d'art dramatique de Montréal est fondé en 1955, celui de Québec en 1958, l'École nationale de théâtre voit le jour en 1960. Quant aux concentrations en théâtre du niveau collégial, elles apparaissent à partir de la création du réseau des cégeps, soit en 1967.

Gratien Gélinas dans le rôle de Fridolin
au Collège de Montréal en 1942.

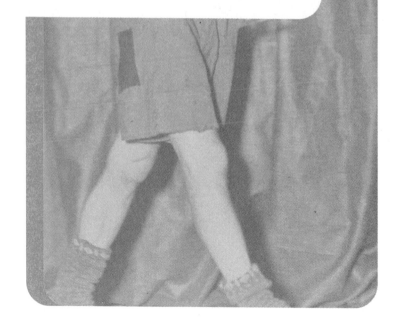

LES PREMIERS DRAMATURGES

Gratien Gélinas se maquillant pour son
rôle de Fridolin en 1945.

LES PREMIERS DRAMATURGES

De la revue à la dramaturgie

Dans les années 1930, lorsque les comédiens ne se produisent pas sur scène, c'est à la radio qu'ils jouent. En pleine crise économique, la radio propose un divertissement gratuit qui réunit la famille une fois la journée de travail finie. On diffuse à l'époque une série d'émissions et de radioromans, tels que *Le Carrousel de la gaieté* (1937), de Gratien Gélinas, une production hebdomadaire de 30 minutes qui offre une revue de l'actualité, comme le fait aujourd'hui Jean-René Dufort dans *Infoman* à la télévision de Radio-Canada. Dans son émission, Gélinas introduit le personnage de Fridolin, qui attire tout de suite la sympathie du public. Gélinas transforme son émission radiophonique hebdomadaire en une revue annuelle, *Les Fridolinades*, qu'il présente au Monument-National de 1938 à 1946 [1]. Amalgame de chant, de danse et de sketches, elles mettent évidemment en scène le personnage de Fridolin, qui prend l'allure d'un adolescent gavroche. Chandail des Canadiens, casquette et *slingshot* à la main, Fridolin, joué par Gélinas lui-même, revient sur les évènements marquants de l'année pour en faire la critique, ou encore aborde des sujets de la vie quotidienne, laissant transparaître sa vulnérabilité : on rit de lui, il fait rire. *Les Fridolinades* jouissent d'un succès considérable : elles tiennent l'affiche plusieurs soirs, certains extraits sont diffusés sur les ondes de la radio de Radio-Canada et, en 1945, l'Office national du film du Canada en fait même un court métrage [2]. Elles seront même reprises quelque 60 ans plus tard, à l'automne 2005, au Théâtre Denise-Pelletier.

En 1947, un producteur de cinéma propose à Gratien Gélinas d'écrire un scénario de film qui serait inspiré d'une de ses revues. Gélinas, attiré par le personnage du conscrit qu'il avait inséré dans deux sketches des *Fridolinades* [3], décide d'écrire une pièce de théâtre d'abord et d'en faire un film ultérieurement. C'est donc d'un croisement entre Fridolin et le conscrit que naissent la pièce *Tit-Coq* et son

---

1. *Les Fridolinades* reviendront pour une dernière fois en 1956.
2. *Fridolinons*, réalisation : Roger Blais, production : Guy Glover, ONF, Canada, 1945, 34 min.
3. Le sketch *Le Départ du conscrit* a été créé par Gélinas en 1945, et *Le Retour du conscrit*, en 1946.

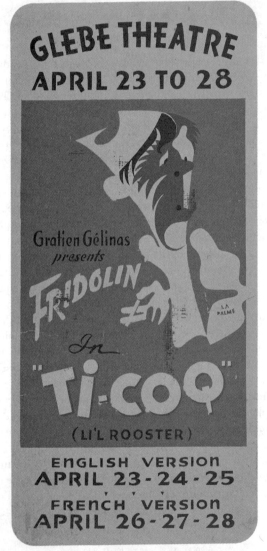

AFFICHE BILINGUE DE ROBERT LA PALME RÉALISÉE
POUR LA PIÈCE *TIT-COQ* DE GRATIEN GÉLINAS.

personnage éponyme. Véritable tournant dans l'histoire du théâtre québécois, cette œuvre présentée pour la première fois sur la scène du Monument-National en 1948 marque les débuts de la dramaturgie québécoise contemporaine. Elle met en scène Arthur Saint-Jean, alias Tit-Coq, un orphelin qui ne rêve que d'une chose : avoir une famille bien à lui. Avant de partir pour la guerre, il tombe amoureux de Marie-Ange Désilets et de sa famille. Tout juste avant son retour, il découvre avec stupeur qu'elle est désormais mariée. La pièce, de facture classique — il s'agit d'un drame en trois actes —, se distingue par le fait que l'auteur met en scène un personnage de chez nous, qui s'exprime dans une langue dans laquelle les gens se reconnaissent et qui vit une réalité proche de celle des spectateurs. Avec *Tit-Coq*, pour la première fois, le public québécois s'identifie complètement au personnage qu'on lui présente.

Le premier ministre du Québec de l'époque, Maurice Duplessis, reconnu pour être plutôt frileux lorsqu'il est question de théâtre, assiste à la 100ᵉ représentation de la pièce. *Tit-Coq* sera joué plus de 500 fois au Québec, mais aussi traduit en anglais, dans les grandes villes canadiennes, de même qu'à Chicago et à New York [1]. Porté au grand écran en 1952, *Tit-Coq* est adapté pour la télévision en 1984 et est souvent remis à l'affiche encore aujourd'hui.

Animé par le désir d'avoir un théâtre national, c'est-à-dire un théâtre qui soit propre aux gens d'ici, Gratien Gélinas réussit, avec *Tit-Coq*, à influencer dans ce sens la production théâtrale québécoise. Dans les décennies suivantes, Marcel Dubé, Michel Tremblay et plusieurs autres composeront un théâtre réaliste qui poursuit cette même intention de mettre en scène un univers reflétant la vie des Québécois. À la fois auteur, metteur en scène et acteur, Gélinas joue entre autres le rôle de Fridolin dans ses revues de fin d'année et aussi celui de Tit-Coq à la création de la pièce. En 1959, il connaît un autre grand succès avec *Bousille et les Justes,* pièce dans laquelle il incarne Bousille, un antihéros comme les personnages de Fridolin et de Tit-Coq, mais à la face plus tragique puisqu'il est victime de l'oppression caractéristique

---

1. La pièce, bien reçue à Chicago, a été boudée par les critiques new-yorkais et annulée après trois représentations.

de la Grande Noirceur, personnifiée par sa propre famille. En 1957, il fonde la Comédie-Canadienne et en devient le directeur. Plus tard, il est membre fondateur de l'École nationale de théâtre du Canada à Montréal, puis il se voit remettre de nombreux doctorats *honoris causa*. La trace qu'a laissée Gratien Gélinas dans le milieu du théâtre québécois est celle d'un géant.

Gratien GÉLINAS
(1909-1999)

Tit-Coq
(1948)

TIT-COQ

Un bâtard, oui ! C'est bête, mais c'est comme ça. Cent pour cent. Né à la crèche [1], de mère inconnue et de père du même poil ! Élevé à l'hospice [2] jusqu'à ce que je m'en sauve à l'âge de quinze ans. Je m'appelle Arthur Saint-Jean. Le prénom, je me demande où les sœurs l'ont
5 pêché, mais « Saint-Jean » vient du fait que j'ai été baptisé le jour de la Saint-Jean-Baptiste [3]. Oui, je suis un enfant de l'amour, comme on dit. Un petit maudit bâtard, si monsieur préfère. Seulement, vu que c'est bien peu de ma faute, y a pas un enfant de chienne qui va me jeter ça à la face sans recevoir mon poing à la même place !

[…]

TIT-COQ

10 Moi, je ne m'imagine pas sénateur dans le parlement, plus tard, ou ben millionnaire dans un château. Non ! Moi, quand je rêve, je me vois en tramway, un dimanche soir, vers sept heures et quart, avec mon petit dans les bras et, accrochée après moi, ma femme, ben propre, son sac de couches à la main. Et on s'en va veiller chez mon
15 oncle Alcide. Mon oncle par alliance, mais mon oncle quand même !

---

1. Crèche : orphelinat administré par des religieuses.
2. Hospice : établissement public qui accueillait des enfants abandonnés, des vieillards ou des infirmes.
3. Saint-Jean-Baptiste : fête nationale du Québec, célébrée le 24 juin.

Le bâtard[1] tout seul dans la vie, ni vu ni connu. Dans le tram, il y aurait un homme comme les autres, ben ordinaire avec son chapeau gris, son foulard blanc, sa femme et son petit. Juste comme tout le monde. Pas plus, mais pas moins ! Pour un autre, ce serait peut-être un
20 ben petit avenir, mais moi, avec ça, je serais sur le pignon du monde !

[…]

(Tit-Coq *paraît, l'œil méchant, et fonce jusqu'à l'avant-scène, où* Marie-Ange *est assise à droite.*
Un temps. Il voudrait parler, mais une émotion grandissante, contre laquelle il lutte de toutes ses forces, lui paralyse la gorge. Ils sont mainte-
25 *nant figés dans un silence de plomb.*)

Marie-Ange

(*Au bout de quelques secondes interminables, presque tout bas.*) Parle…
je t'en supplie !

Tit-Coq

(*Essayant de se ressaisir.*) Ce que j'avais à te dire, c'était clair et net… mais
depuis que j'ai mis les pieds ici-dedans… (*Comme il ne trouve pas ses*
30 *mots, il a un geste indiquant qu'il est perdu. Puis, à travers son trouble :*)
Oui… Malgré moi, je pense à ce que ç'aurait pu être beau, cette minute-
ci… et à ce que c'est laid… assez laid déjà sans que je parle.

(*Un temps. Puis d'une voix d'abord mal assurée qui, à mesure qu'il*
reprendra la maîtrise de lui-même, se durcira jusqu'à la colère froide.)
35 Mais, s'il y a une justice sur la terre, il faut au moins que tu saches
que t'es une saloperie ! (*Il s'est tourné vers elle.*) Une saloperie… pour
t'être payé ma pauvre gueule de gogo[2] pendant deux ans en me
jurant que tu m'aimais. C'était aussi facile, aussi lâche de me faire
gober ça que d'assommer un enfant. Avant toi, pas une âme au
40 monde s'était aperçue que j'étais en vie ; alors j'ai tombé dans le
piège, le cœur par-dessus la tête, tellement j'étais heureux ! T'es une
saloperie ! Et je regrette de t'avoir fait l'honneur dans le temps de te
respecter comme une sainte vierge, au lieu de te prendre comme la
première venue !

---

1. Bâtard : qui est né hors mariage.
2. Gogo : homme naïf.

45 (*Sortant l'album de sa vareuse.*) Je te rapporte ça. Au cas où tu l'aurais oublié avec le reste, c'est l'album de famille que tu m'as donné quand je suis parti… Il y a une semaine encore, j'aurais aimé mieux perdre un œil que de m'en séparer. Seulement je me rends compte aujourd'hui que c'est rien qu'un paquet de cartons communs, sales et 50 usés. (*Il le lance sur le divan.*) Tu le jetteras à la poubelle toi-même !

Maintenant, je n'ai plus rien de toi. À part ton maudit souvenir… Mais j'arriverai bien à m'en décrasser le cœur, à force de me rentrer dans la tête que des femmes aussi fidèles que toi, il en traîne à tous les coins de rue ! (*Il se dirige vers la porte.*)

MARIE-ANGE

55 (*Sans un geste, elle a tout écouté, la tête basse.*) Non !… Va-t'en pas comme ça. Attends… attends une seconde.

TIT-COQ

(*S'arrête, tourné vers le fond.*)

MARIE-ANGE

(*Après un temps, presque tout bas.*) Je te demande pardon.

TIT-COQ

(*Abasourdi.*) Quoi ?

MARIE-ANGE

60 Je te demande pardon.

TIT-COQ

(*Il est resté un moment décontenancé.*) C'est aisé de demander pardon, quand le mal est fait… et bien fait.

MARIE-ANGE

Ça ne changera rien, je le sais.

TIT-COQ

Ce qu'il m'est impossible de te pardonner, c'est de m'avoir menti tout 65 ce temps-là, de m'avoir menti la tête collée sur mon épaule.

MARIE-ANGE

Je ne t'ai jamais menti.

TIT-COQ

(*Que la rage a repris.*) Si tu m'avais aimé, tu m'aurais attendu !

MARIE-ANGE

(*De tout son être.*) Je ne t'ai jamais menti.

TIT-COQ

Si c'est la peur que je t'embête qui te fait t'humilier devant moi, tu
70 peux te redresser. Ton petit bonheur en or, c'est pas moi qui te le cas-
serai : je vais disparaître des environs comme une roche dans l'eau. Si
tu as eu des torts, la vie se chargera bien de te punir pour moi.

MARIE-ANGE

Je suis déjà punie tant qu'il faut, sois tranquille !

TIT-COQ

Punie ?

MARIE-ANGE

75 Je ne suis pas plus heureuse que toi, si ça peut te consoler.

TIT-COQ

Quoi ? (*Un temps, où il essaie de comprendre.*) Pas heureuse ? Comme
ça, tu es malheureuse avec lui ? À quoi ça rime, ça ?... Il t'aime pas,
lui ? Il t'aime pas ?

MARIE-ANGE

Il m'aime.

TIT-COQ

80 Il t'aime ? Alors pourquoi es-tu malheureuse ?

MARIE-ANGE

(*Qui craint d'avoir déjà trop parlé.*) C'est tout ce que j'ai à te dire.

TIT-COQ

Quand une femme est malheureuse après six mois de mariage, pas
besoin de se casser la tête pour en trouver la raison : s'il t'aime, lui,
c'est toi qui ne l'aimes pas. (*Pressant.*) Il n'y a pas d'autre façon d'en
85 sortir : c'est toi qui ne l'aimes pas !

Marie-Ange

(*Se cache la figure dans ses mains.*)

Tit-Coq

Tu ne l'aimes pas! Ah! ça me venge de lui. Il t'a déçue, hein? Ça me venge de lui. Ben oui! ça ne pouvait pas se faire autrement; c'était impossible qu'il te rende heureuse, lui! (*Se tournant vers elle.*) Alors,
90 si tu ne l'aimes pas — si tu ne pouvais pas l'aimer — ce serait peut-être... que tu en aimes un autre?

Marie-Ange

Je t'en prie, va-t'en!

Tit-Coq

Ce serait peut-être que tu en aimes toujours un autre? Un autre à qui tu n'aurais jamais menti. Il me faut la vérité, la vérité jusqu'au bout.
95 Il me la faut!

Marie-Ange

(*Éclate en sanglots.*)

Tit-Coq

Si c'est vrai, dis-le... dis-le, je t'en supplie!

Marie-Ange

(*Malgré elle.*) Oui, je t'aime... Je t'aime! (*Un temps: elle pleure. Lui reste sidéré par cet aveu.*) Je suis en train de devenir folle, tellement je
100 pense à toi... Je suis en train de devenir folle!

Tit-Coq

Marie-Ange, Marie-Ange!... Pourquoi tu ne m'as pas attendu?

Marie-Ange

Je ne sais pas pourquoi... Je ne sais pas...

Tit-Coq

Pourquoi?

MARIE-ANGE

Je voulais t'attendre, t'attendre tant qu'il faudrait, malgré le vide que
105 j'avais dans la tête, à force d'être privée de te voir, d'entendre ta voix,
de t'embrasser…

TIT-COQ

Moi non plus, je ne pouvais pas te voir, ni t'embrasser.

MARIE-ANGE

Toi, tu avais seulement à te battre contre toi-même. Tandis que moi,
au lieu de m'aider à me tenir debout, tout le monde ici me poussait,
110 m'étourdissait d'objections, me prouvait que j'avais tort de t'attendre,
que j'étais trop jeune pour savoir si je t'aimais…

TIT-COQ

Les salauds!

MARIE-ANGE

Ils m'ont rendue malade à me répéter que tu m'oublierais là-bas, que
tu ne me reviendrais peut-être jamais.

TIT-COQ

115 (*Rageur.*) Ça me le disait aussi qu'ils se mettraient tous ensemble pour
essayer de nous diviser. Ça me le disait.

MARIE-ANGE

Ils me l'ont répété tellement, sur tous les tons et de tous les côtés, qu'à
la fin ils sont venus à bout de me faire douter de toi comme j'aurais
douté du Ciel.

TIT-COQ

120 Alors, c'est un mauvais rêve qu'on a fait. Un rêve insupportable qui
vient de finir. On a rêvé qu'on s'était perdus pour la vie, mais on vient
de se réveiller en criant, pour s'apercevoir que c'était pas vrai, tout
ça… c'était pas vrai!

MARIE-ANGE

(*Les mains glacées.*) Qu'est-ce que tu veux dire?

Tit-Coq

125 (*Tendu.*) Que si tu m'aimes encore, c'est tout ce qui compte. Et que tu es encore à moi, à moi et rien qu'à moi !

Marie-Ange

Non, ne dis pas ça !

Tit-Coq

Moi aussi, je t'aime. Je t'aime encore comme un fou ! Je t'aime et je te reprends, comprends-tu ? Je te reprends !

Marie-Ange

130 Non, non ! Il est trop tard... trop tard, tu le sais bien.

Tit-Coq

Il n'est pas trop tard, pas encore.

Marie-Ange

Je t'ai trompé bêtement, je ne suis plus digne de toi !

Tit-Coq

Tu viens de le prouver : c'est pas de ta faute. (*Autant pour lui-même que pour elle.*) C'est pas de ta faute, entends-tu ? Je te crois, je te crois !
135 Et je te crois quand tu me dis que tu ne l'as jamais aimé, l'autre.

Marie-Ange

Mais lui... il m'aime, lui !

Tit-Coq

Bien sûr ! qu'il t'aime. C'est facile de t'aimer. Mais tout dépend de ce qu'on entend par là. Il y a bien des qualités d'amour.

Marie-Ange

Je t'assure qu'il m'aime.

Tit-Coq

140 Il a tourné autour de toi une éternité avant que tu acceptes de le voir, hein ?

Marie-Ange

Oui.

Tit-Coq

Et il savait pourquoi tu le repoussais, dans ce temps-là. Il savait autant que tout le monde qu'on s'aimait tous les deux par-dessus la
145 tête, hein ?

Marie-Ange

(*Qui ne peut nier.*) Oui, il le savait.

Tit-Coq

Bien sûr ! qu'il le savait. Mais un bon jour il a décidé de te glisser un jonc dans le doigt et de t'appeler sa femme, sans s'inquiéter de savoir si tu étais bien à lui ? Sans te demander cent fois si tu ne m'aimais pas
150 encore ? Sans t'assommer de questions, comme je l'aurais fait, moi, à sa place ?

Marie-Ange

(*La tête perdue.*) Oui…

Tit-Coq

Oui ! Parce qu'il n'était pas honnête, lui. Parce qu'il avait la frousse, en te parlant trop, de te réveiller avant d'avoir eu le temps de te prendre.
155 Il se contentait de ton corps, en se sacrant bien du reste. Et tu dis qu'il t'aime ? Il te désire, c'est tout ! C'est pas étonnant qu'il t'ait déçue. Non, tu ne peux pas vivre toute ta vie avec un homme qui t'a fait l'affront de te prendre à moitié seulement. Tandis que moi, je t'aime et je te rendrai heureuse, tu le sais, heureuse autant qu'une femme peut
160 être heureuse !

Marie-Ange

Rends-toi compte de ce que tu demandes…

Tit-Coq

Lui, il a besoin de toi comme n'importe quel autre homme a besoin d'une femme, parce qu'il a toute une famille pour l'aimer, si tu le lâches. Mais moi, je n'ai personne au monde, à part toi…

Marie-Ange

165 (*Faiblissant.*) Je t'en supplie, ne dis pas ça.

Tit-Coq

Sans toi, je suis perdu. Si tu ne me tends pas la main, je coule comme un noyé.

Marie-Ange

Tu le sais que je t'aime et que je ferais n'importe quoi pour toi. Mais tout ça, c'est arrivé si vite : donne-moi le temps de réfléchir…

Tit-Coq

170 Le temps ? Non ! Le temps, le temps, il y a deux ans qu'il travaille contre nous autres. Le temps, c'est lui notre ennemi. C'est lui le traître dans notre affaire. Faut pas lui donner une autre chance de…

[…]

Tit-Coq

(*Que la retraite subite du* PADRE *a laissé un instant hébété*[1].) Tu ne vas pas le croire, hein ? Tu ne vas pas te laisser arracher de moi parce qu'il
175 a passé entre nous deux, lui ?

Marie-Ange

(*Accablée.*) Il a raison, il a raison…

Tit-Coq

Non !

Marie-Ange

Maintenant qu'on est seuls, tu peux bien l'admettre.

Tit-Coq

Non, Marie-Ange ! Fallait pas l'écouter.

Marie-Ange

180 On n'a plus de chance, tu le sais. (*Obsédée.*) J'ai tout gâché… tout gâché !

---

1. Tit-Coq et Marie-Ange ont été interrompus par l'arrivée du *Padre,* un aumônier militaire qu'a connu Tit-Coq pendant la guerre. Il désapprouve le projet qu'ont les amoureux de s'enfuir ensemble.

Tɪᴛ-Cᴏǫ

Tout ce qu'il voulait, c'était t'humilier, te salir pour que je me tourne contre toi. Mais aie pas honte… aie honte de rien. Je t'ai pardonné, entends-tu? Tout ce que tu as fait, c'est effacé, c'est fini!

Marie-Ange

185 Tu me pardonnes…

Tɪᴛ-Cᴏǫ

Oui, parce que la faiblesse humaine, c'est pour les humains. Et à tout péché miséricorde [1]!

Marie-Ange

On peut tout se faire pardonner, même d'avoir tué… Mais le pardon, ça ne ressuscite pas ce qui est mort. Ça n'efface pas les conséquences.

Tɪᴛ-Cᴏǫ

190 Je les accepte, les conséquences!

Marie-Ange

(*Lasse.*) Pour le moment, oui… sans trop savoir ce que tu dis… mais pour combien de temps?

Tɪᴛ-Cᴏǫ

Je te jure, Marie-Ange, que je t'aimerai toute ma vie!

Marie-Ange

Il faut tant de raisons pour aimer toute la vie. Tu en aurais tellement 195 d'en venir à me détester.

Tɪᴛ-Cᴏǫ

(*Sentant qu'elle lui échappe.*) Viens-t'en, Marie-Ange! Tu as promis…

Marie-Ange

Le jour où tu te débattrais contre la tentation d'aller chercher ailleurs ce que tu voulais, ce que tu voudras toujours, qu'est-ce que j'aurais, moi, pour te retenir?

---

1. À tout péché miséricorde: toute faute est pardonnable.

Tit-Coq

200 Non… jamais je te quitterai, jamais!

Marie-Ange

Qu'est-ce qui resterait de notre bonheur, ce jour-là?

Tit-Coq

(*Désespéré.*) Il resterait l'enfant… l'enfant que tu peux encore me donner!

Marie-Ange

(*Se cachant la figure.*) Non! Pas ça, pas ça! (*Instinctivement, elle s'est*
205 *éloignée de lui.*) Tu n'en voudrais pas, de cet enfant-là… parce qu'il serait, comme toi, un…

Tit-Coq

(*L'arrête d'un cri sourd.*) Non!

Marie-Ange

… par ma faute. (*Elle pleure.*)

(Tit-Coq, *brisé, s'est écroulé sur une chaise et sanglote.*)

Marie-Ange

210 (*Après un temps.*) J'ai dit que je te suivrais aussi longtemps que tu voudrais de moi. Et rien ni personne n'aurait pu me retenir. Mais tu ne veux plus de moi, à présent, tu le vois bien… Tu ne veux plus de moi.

(Tit-Coq, *prostré, ne répond pas.*)

Marie-Ange

215 Maintenant, pars, pendant qu'on voit clair. Va-t'en, sans regarder en arrière, jamais… et oublie-moi.

Tit-Coq

(*Repousse l'idée, la tête dans ses mains.*) Non.

Marie-Ange

C'est pas facile, pour moi non plus, de te demander ça, tu peux me croire, mais j'aurai eu au moins ce courage-là, dans ma vie. (*Soumise*
220 *à l'inévitable.*) Oui, tu vas m'oublier: ce que je t'ai volé, il faut qu'une

autre te le rende. Autrement, le sacrifice qu'on fait serait perdu. (*Tournée vers le mur.*) Va, Tit-Coq… va!

TIT-COQ

(*S'est levé, péniblement. À travers ses larmes, sans jeter les yeux sur elle et presque tout bas.*) Adieu.

MARIE-ANGE

225 (*Dans un souffle.*) Adieu, oui.

(*Il sort, tel un homme harassé qui commence un long voyage.*)

RIDEAU

La télévision et le théâtre

À partir des années 1950, la télévision prend la place qu'occupait la radio dans les foyers québécois et diffuse plusieurs émissions où la culture est à l'honneur. Le dimanche soir, pendant près de 40 ans, Radio-Canada présente *Les Beaux Dimanches*[1], une émission où la musique, le cinéma, la danse, le cirque, les galas, les spectacles de variétés et le théâtre tiennent une place de choix. Les œuvres de Molière, Racine, Musset, Tchekhov, Dubé, Tremblay, des auteurs aussi bien classiques que contemporains, d'ici comme d'ailleurs, sont livrées aux téléspectateurs sous forme de téléthéâtres. Le dramaturge Marcel Dubé affectionne particulièrement cette forme de représentation théâtrale. De 1952 à 1972, il signe pas moins de 23 téléthéâtres pour Radio-Canada. Dubé se fait connaître en 1952 avec la pièce *De l'autre côté du mur*, qui remporte le Grand Prix du Festival dramatique, mais c'est avec *Zone*, représentée en 1953, qu'il connaît son premier grand succès.

Quand disparaissent les Compagnons de Saint-Laurent, ce jeune dramaturge issu d'un quartier populaire de Montréal prend en quelque sorte la relève de la production théâtrale. Avec une œuvre de plus de 300 titres, il s'impose comme l'un des auteurs les plus prolifiques et les plus marquants du théâtre québécois. Résolument moderne, le théâtre de Dubé comporte deux périodes successives.

1. Diffusée de 1966 à 2004, cette émission tire son titre de la pièce de Marcel Dubé *Les Beaux Dimanches*.

Gratien Gélinas présente

Mise en scène de JEAN-PAUL FUGÈRE

QUÉBEC   26 et 27 Octobre 1958

Sous le distingué patronage de

l'honorable Onésime Gagnon,
C.P., C.R.

LIEUTENANT-GOUVERNEUR DE LA PROVINCE DE QUÉBEC

PROGRAMME DE LA PIÈCE DE THÉÂTRE *UN SIMPLE SOLDAT*
DE MARCEL DUBÉ PRÉSENTÉE AU CAPITOL DE QUÉBEC PAR LA
COMÉDIE-CANADIENNE LES 26 ET 27 OCTOBRE 1958.

Zone (1953), *Un simple soldat* (1957) et *Florence* (1957), parmi ses premières pièces, mettent en scène l'univers de l'adolescence. Tarzan, Ciboulette, Fleurette, Joseph et Florence, les personnages qu'elles mettent en scène, rêvent d'un avenir meilleur que celui de leurs parents. Ils portent en eux tous les espoirs d'une nouvelle génération, mais se heurtent souvent à une réalité qui les dépasse et qui n'est pas sans rappeler le destin tragique d'Antigone, par exemple. Par la suite, avec *Bilan* (1960), *Les Beaux Dimanches* (1965) et *Au retour des oies blanches* (1966) notamment, Dubé aborde des sujets plus proches des préoccupations adultes. Ses personnages ont vieilli, font maintenant partie de la petite bourgeoisie et sont aux prises avec des problèmes propres à leur condition sociale. L'auteur expose alors les premières défaillances du monde familial, ciment de la société québécoise. Dans *Les Beaux Dimanches,* par exemple, Victor multiplie les fêtes bien arrosées pendant que sa femme Hélène s'ennuie et que leur fille Dominique songe à se faire avorter.

Comme d'autres pièces de Dubé, *Florence,* d'abord écrite pour la télévision et présentée à Radio-Canada en 1957, est ensuite jouée à la Comédie-Canadienne en 1960. Le texte lui-même porte la marque de l'écriture télévisuelle : les actes et les scènes cèdent la place à des tableaux. Cette pièce se situe à un tournant dans l'œuvre de l'auteur, véritable pivot entre les deux périodes de son théâtre. On y expose les rêves de Florence, qui s'apprête à entrer dans le monde adulte, ainsi que le conflit qui l'oppose à ses parents, image de la famille traditionnelle québécoise.

Florence est fiancée à Maurice, un commis de l'agence où elle travaille comme secrétaire-réceptionniste. Ayant grandi dans un milieu populaire qu'elle trouve terne et ennuyant, elle rêve d'un monde de liberté et d'insouciance, ce à quoi l'initient entre autres sa collègue Suzanne et son patron Eddy Mathieu, dont elle est amoureuse. Déchirée entre ces deux univers, Florence refuse de se résigner à une vie calquée sur celle de ses parents, qu'elle trouve dénuée d'intérêt et à laquelle le destin semble la condamner. Après une période de remise en question et d'affrontement avec sa famille, la jeune femme cherche à mener sa quête de liberté. La pièce de Dubé annonce le changement des valeurs que connaîtra bientôt la société, avec l'amorce d'une libération de la femme dans les années 1960.

Marcel DUBÉ
(né en 1930)

Florence
(1957)

SUZANNE

Tu tapes trop fort, ça fait des étincelles!... Tiens! Je t'ai apporté du café.

FLORENCE, *qui cesse de travailler.*

Merci... Combien je te dois?

SUZANNE

Rien, je ne l'ai pas payé.

FLORENCE

5 Comment ça?

SUZANNE

J'ai fait de l'œil au garçon de la cafétéria.

FLORENCE

Tu ne changeras jamais, Suzanne.

SUZANNE

Jamais. Je me sens trop bien. Faut pas que tu me juges d'après toi, je ne suis pas fiancée, moi!

FLORENCE, *rêveuse et avec une pointe de regret.*

10 Des choses qu'on fait vite parfois!

SUZANNE

L'important c'est de ne pas s'en apercevoir trop tard.

FLORENCE

Je ne peux plus revenir sur ma parole.

SUZANNE

Pourquoi? T'es pas encore mariée! Tu ne t'es pas encore donnée à Maurice.

FLORENCE

15 Suzanne !

SUZANNE

Faut pas avoir peur des mots. Je ne vois pas ce qui t'empêche de « casser » avec lui.

FLORENCE

Tout. Ma famille, ma vie…

SUZANNE

T'es folle, ma foi !

FLORENCE

20 Je ne pourrai jamais avoir la vie que je souhaite, autant me marier avec Maurice.

SUZANNE

Sais-tu ce que tu devrais faire, Florence ? Prendre un peu plus de temps pour réfléchir. Laisser ta famille, te trouver une chambre quelque part, connaître le plaisir d'être libre avant d'enchaîner ta vie
25 à celle d'un autre.

FLORENCE

J'aimerais te ressembler, être sans souci. Je t'admire d'avoir eu le courage de faire tout ça, mais je ne me sens pas capable de t'imiter.

SUZANNE

Je n'ai jamais eu autant d'invitations que depuis que je demeure toute seule… Aujourd'hui, les filles qui vivent avec leur famille, ça ennuie
30 les garçons, c'est passé de mode…

FLORENCE

Ceux que ça n'ennuie pas, c'est des gars comme Maurice.

SUZANNE

Tu ne l'aimes plus, Florence, avoue que tu ne l'aimes plus ! (*Florence la regarde, baisse les yeux et ne répond pas.*) Casse pendant que c'est le temps !

FLORENCE

35 Je suis incapable. Je sais qu'il m'aime.

SUZANNE

C'est pas une raison : s'il fallait que j'épouse tous les garçons qui m'aiment, moi !… T'as pas le droit d'être malheureuse toute ta vie parce
qu'il t'aime. Je te le répète : une fois mariée, c'est pour longtemps.
Tu ne recommences pas le lendemain.

FLORENCE

40 Qu'est-ce que je lui dirais ?

SUZANNE

Que tu t'es ravisée, simplement ! Que tu veux retrouver ton
indépendance.

FLORENCE

Il m'accuserait de vouloir le tromper avec Eddy.

SUZANNE

Et puis ? Ça te regarde !

FLORENCE

45 Je ne veux pas qu'il le pense.

SUZANNE

Tu ne l'as pas encore trompé avec Eddy ?

FLORENCE, *petite hésitation.*

Non.

SUZANNE

Je veux dire : dans la réalité. Dans ta tête, c'est toi qui le sais.

FLORENCE

Faut plus, Suzanne, faut plus que je pense à lui. Il va me faire mal, j'en
50 suis certaine.

SUZANNE

Oublie-le, celui-là aussi. Si tu tiens à te libérer, libère-toi complètement.
Je les connais les hommes : c'est pas leur faute, mais ils sont égoïstes.

Florence

J'essaie de l'oublier mais je n'y parviens pas.

Suzanne

C'est parce que tu vis encore dans ta famille qu'Eddy te fascine. Laisse
55 ta famille, tu verras plus clair ensuite. Eddy deviendra un homme
comme les autres à tes yeux.

Florence

Ça ne t'ennuie pas que je te parle de mes problèmes?

Suzanne

Non. J'ai déjà été comme toi. Avant de comprendre.

Florence

Penses-tu te marier un jour?

Suzanne

60 T'es folle! Je veux vivre d'abord!

Florence

J'aimerais réagir comme toi. Voir les choses comme tu les vois.

Suzanne

Tu connais les moyens, prends-les.

Florence

Je ne sais pas si j'aurais la force d'y arriver.

Suzanne

Il y a un appartement à louer, un p'tit deux pièces, dans l'édifice où
65 j'habite, je peux t'amener voir le concierge demain.

Florence

Demain, c'est vite. Mais je vais y penser.

Suzanne

Ce serait agréable que tu l'habites. Les soirs qu'on aurait les «bleus»[1],
on se rendrait visite.

---

1. On aurait les «bleus»: on serait déprimées.

FLORENCE, *rêveuse.*

C'est vrai… Ce serait une vie nouvelle pour moi… Si Maurice était
70 comme Eddy aussi ! Si seulement je pouvais avoir de l'admiration
pour lui. Mais non ! À tout moment je les compare dans ma tête.
Autant Eddy est sûr de lui, autant Maurice est effacé.

SUZANNE

Cesse d'y penser cinq minutes. Tu te fais souffrir pour rien, pour des
choses qui n'en valent pas la peine.

FLORENCE

75 Je te donnerai une réponse demain, Suzanne.

SUZANNE

J'espère que tu auras choisi la meilleure solution… je te laisse, mon
patron va me chicaner… Tout ce que je te conseille c'est d'être sur tes
gardes avec Eddy. C'est un beau garçon mais les histoires qu'il raconte
sont trop belles pour être vraies. Ça n'a rien à voir avec la vie.

FLORENCE

80 La vie qu'est-ce que c'est ? J'aimerais un jour le savoir.

SUZANNE

Si tu m'écoutes, tu vas l'apprendre.

(*Et Suzanne disparaît dans le couloir. Florence rêve un moment et se
remet au travail. Toutes les lumières s'éteignent graduellement autour
d'elle et sur elle.*)

[…]

FLORENCE, *d'une voix angoissée.*

85 William Miller Advertising !… Just a moment, please… (*Elle presse
sur un bouton, écoute et raccroche. Entre Eddy. Il semble bien portant, il
est frais rasé. Il se dirige tout droit vers le bureau de Florence.*)

EDDY

Comment ça va ce matin, mon chou ?… Pas de message pour moi ?

FLORENCE, *brève.*

Non.

90 (*Il lui caresse le menton de la main.*)

EDDY

Qu'est-ce qui s'est passé ? Tu étais en retard ce matin ?

FLORENCE

Oui.

EDDY

J'ai téléphoné, c'est la p'tite Suzanne qui…

FLORENCE

Je sais.

EDDY

95 Tu es mal rentrée ? Tes parents t'ont fait une scène ?

FLORENCE

Non.

EDDY

Tu me caches quelque chose, Florence. J'ai l'impression que tu m'en veux.

FLORENCE

Laisse-moi, Eddy, je te parlerai plus tard. En ce moment, j'ai les idées 100 trop embrouillées.

EDDY

Tu m'inquiètes. Je te laisserai seulement lorsque tu m'auras tout dit.

FLORENCE

Je t'en supplie !

EDDY

Après ce qui s'est passé entre nous, je n'ai pas l'intention de jouer à cache-cache… À moins que tu veuilles tout oublier.

FLORENCE

105 Je ne pourrai jamais oublier.

EDDY

Tu es fatiguée, hein ? Tu aurais voulu dormir ? Veux-tu que je te donne congé, veux-tu retourner chez toi ?

FLORENCE

Non.

EDDY

Dis-moi ce qui se passe alors ? Tu te sens coupable d'être en retard ?

FLORENCE

110 Non. Je serais venue au bureau à l'heure mais j'ai été malade, si tu veux tout savoir. Je ne tenais pas à ce que mes parents le sachent et je suis restée enfermée dans ma chambre jusqu'à ce que ça aille mieux.

EDDY

C'est grave ?

FLORENCE

Je ne sais pas. C'est la première fois.

EDDY, *sur un ton de confidence.*

115 J'ai été très déçu quand je me suis réveillé ce matin.

FLORENCE

Ah oui !

EDDY, *même ton.*

Je pensais te trouver près de moi.

FLORENCE

J'ai essayé de te réveiller quand je suis partie à six heures.

EDDY

C'est vrai ?

FLORENCE

120 Tu m'as dit de te laisser dormir. Tu as refusé de t'occuper de moi.

EDDY

J'avais trop bu hier soir. Quand je bois trop je dors comme une roche.

FLORENCE

À ce moment-là aussi, j'étais malade.

EDDY

Tu aurais dû me le dire !

FLORENCE

Je te l'ai dit, ça ne t'a rien fait.

EDDY

125 Tu m'en veux beaucoup?

FLORENCE

Non. Seulement… seulement j'aurais aimé mieux savoir avant.

EDDY

C'était moins beau que tu ne te l'imaginais, peut-être?

FLORENCE

Je n'étais pas prête, Eddy.

EDDY

Tu vas vieillir. Le temps va t'apprendre bien des choses. Tu vas décou-
130 vrir que la réalité n'est jamais belle comme le rêve.

FLORENCE

C'est tout ce que tu trouves à dire?

EDDY

Qu'est-ce que tu veux, mon chou, ce n'est pas ma faute si tu n'étais pas
au courant. J'aurais eu mes esprits que je t'aurais soignée!

FLORENCE

Pourquoi Eddy? Pourquoi avoir fait ça?

EDDY

135 Je te rappelle que tu es venue chez moi de toi-même, Florence!

FLORENCE

J'étais sans défense, j'avais besoin de te parler, je voulais comprendre
quelque chose à la vie. Au lieu de m'aider, tu m'as fait boire avec toi,
tu m'as amenée dans ta chambre.

EDDY

Tu veux que je sois seul responsable de ce qui s'est produit?

FLORENCE

140 Non, ce n'est pas ça, je veux simplement savoir si au moins tu m'aimais?

EDDY

Bien sûr que je t'aimais. Je te le répète encore ! je t'aime beaucoup.

FLORENCE

Je ne te demande pas si tu m'aimes beaucoup, je te demande si tu m'aimes simplement ?

EDDY

Écoute, Florence : t'es une p'tite fille compliquée, toi. J'ai pensé rece-
145 voir une femme quand tu es entrée chez moi, je m'aperçois que je me suis trompé. J'aurais dû prendre garde et te mettre à la porte. Aujourd'hui, je sens que tu vas m'attirer des ennuis.

FLORENCE

Mon intention n'est pas de t'attirer des ennuis. Mon intention est de savoir ce qui va m'arriver maintenant ?

EDDY

150 Je ne sais pas, moi. La vie va continuer comme avant. Si ça te plaît, on va se revoir, je n'ai aucune objection, mais comme des copains, des copains qui se comprennent bien, qui sont au courant de ce que l'un peut apporter à l'autre.

FLORENCE

Je comprends.

EDDY

155 Ce n'est pas ce que tu croyais ?

FLORENCE

Pas tout à fait. Je me suis donnée à toi, Eddy, comme une petite fille qui ne réfléchit pas.

EDDY

J'admets que tu puisses le regretter maintenant. Si c'était à recommencer, tu y penserais plus longtemps. Mais ce qui est fait reste fait.
160 Je voudrais bien te voir un peu plus heureuse ce matin, mais je me rends compte que c'est difficile pour toi de l'être.

FLORENCE

Tu vas me trouver folle, Eddy, je le sais, mais je m'étais toujours dit que l'homme à qui je me donnerais la première fois serait mon mari ou celui qui le deviendrait.

EDDY

165 Ce qui veut dire que, selon ta logique, je devrais t'épouser? Que parce que tu es venue chez moi la nuit dernière, je devrais aller demander ta main à ton père?

FLORENCE

Je sais que tu ne le feras jamais, mais je ne pouvais pas penser autrement. Toute ma vie me pousse à penser comme ça.

EDDY

170 C'est ce que tu devras corriger, Florence.

FLORENCE

Hier, tu m'as dit que tu m'aimais parce que j'étais entière. Si je suis entière, je ne peux pas penser autrement. Ce qu'on a fait, c'est une chose qui avait un sens entier pour moi. Aujourd'hui encore, ça garde un sens entier.

EDDY

175 Aujourd'hui est un autre jour qu'hier. Tu es une autre femme qu'hier. Déjà, en une nuit, tes yeux ont changé. Ils ont des reflets qu'ils n'avaient pas hier.

FLORENCE

Je voudrais me voir morte, Eddy. Le cœur me fait si mal que j'ai peur qu'il se brise.

EDDY *lui prend les épaules.*

180 Tu ne garderas pas un très beau souvenir de ta première nuit d'amour. Toi, tu voyais ça comme une nuit de noces. Pour moi, c'était autre chose.

FLORENCE

Je voudrais savoir ce que je vais devenir, maintenant?

EDDY

Une chose est certaine : je ne t'épouserai pas. Le mariage n'est pas
185 pour un type comme moi. Si pour toi c'est la seule solution, pour
moi, il en reste une autre à envisager.

FLORENCE

Qu'est-ce que c'est Eddy ?

EDDY

Tu serais prête à laisser tes parents ?

FLORENCE

Oui. Qu'il m'arrive n'importe quoi maintenant, je vais les laisser. Où
190 j'irai en partant de la maison dépend un peu de toi. Quand je suis rentrée, ce matin, j'ai découvert que j'aimais mes parents mais j'avais
trop honte pour pouvoir les regarder en face. J'ai découvert trop tard
que je les aimais. Il va falloir que je parte.

EDDY

Leur as-tu dit que tu étais venue chez moi ?

FLORENCE

195 Non.

EDDY

Tu as bien fait… Et si je te demandais de vivre avec moi, Florence,
accepterais-tu ?

FLORENCE

Vivre avec toi comment ?

EDDY

Tu sais très bien ce que je veux dire.

FLORENCE

200 C'est ça l'autre solution ?

EDDY

Oui.

FLORENCE

Et ce serait pour combien de temps?

EDDY

Je ne sais pas, moi!

FLORENCE

J'exige que tu me répondes.

EDDY

205 Pour le temps qu'on s'aimera.

FLORENCE

Avec les autres femmes qui sont allées vivre chez toi, qu'est-ce que ça voulait dire?

EDDY

Tu déplaces le problème. Oublie les autres femmes qui ont pu passer dans ma vie.

FLORENCE

210 Je ne peux pas les oublier si je dois entrer dans leur rang et dans ton lit comme elles l'ont fait. D'ailleurs, comme elles n'ont fait qu'y passer c'est que tu les as toujours rejetées.

EDDY

Tu refuses, alors?

FLORENCE

Oui, Eddy. Si je dois être malheureuse, je préfère l'être seule.

EDDY

215 Tu vois? La situation s'éclaircit. J'aime mieux ça. Parce qu'on a eu une petite aventure ensemble, tu souhaiterais que je t'épouse. Maintenant que je t'offre la grande aventure, tu refuses d'accepter.

FLORENCE

Hier après-midi, c'était d'une petite aventure qu'il s'agissait.

EDDY

Tu aurais dû soupçonner que je ne parlais pas de t'enchaîner à moi.

Florence

220 Je t'ai dit que j'étais naïve ! Ce n'est pas avec moi que tu vendras des terrains sur la lune.

Eddy

Toutes les femmes disent qu'elles sont naïves ; c'est une façon qu'elles ont de ne pas faire face à leurs propres responsabilités. C'est un jeu.

Florence

Moi, je ne jouais pas et tu le savais.

Eddy

225 Écoute ! Moi, je suis un homme : un homme qui s'ennuie. Ma philosophie, dans la vie, c'est le plaisir. Le travail, un peu. Mais le plaisir surtout. Je t'ai fait la cour, c'est entendu, mais je croyais que tu agirais raisonnablement par la suite.

Florence

J'ai rien fait qui soit raisonnable, depuis hier.

Eddy

230 C'est pour ça que maintenant tu devrais te ressaisir et agir comme une grande fille. Comme une femme. Si tu as des décisions à prendre, prends-les froidement et n'essaie pas de rejeter tous les blâmes sur mes épaules.

Florence

J'ai compris ! Je crois que j'ai très bien compris.

Eddy

235 Pense tout le mal que tu voudras de moi, mais n'oublie pas une chose : tu es venue chez moi, hier soir, de ta propre volonté.

Florence

Si tu ne m'avais pas demandé de rester au bureau après cinq heures, si tu ne m'avais pas embrassée, je n'y serais peut-être pas allée.

Eddy

Tu tiens à ce que je sois le premier coupable ? j'accepte le rôle. Es-tu 240 heureuse, maintenant ?

FLORENCE

Excuse-moi d'être aussi idiote. Tu as raison : je suis responsable de
mes actes, c'est lâche de ma part de t'accuser comme je le fais. Mais
c'est parce que je suis malheureuse.

EDDY

Je sais que tu es malheureuse. Tu es malheureuse parce que tu es une
245 toute petite fille ; une toute petite fille qui ne sait pas encore que la vie
c'est pas si sérieux que ça… que c'est une farce, une mauvaise plaisan-
terie… Quand tu auras appris ça, quand tu l'auras accepté, tu trouveras
plus de bonheur à vivre. Tu seras peut-être moins entière mais tu com-
prendras les choses plus vite et ça te fera toujours moins mal… (*Lui*
250 *caresse doucement la nuque.*) Maintenant, on a du travail, toi et moi.
Depuis hier on s'est permis des p'tites vacances, faut reprendre le temps
perdu… Essaie d'oublier que tu es malheureuse, on reparlera de tout ça
quand tu seras un peu plus détendue… Si on me téléphone, je n'y suis
pour personne. Je ne reçois que les gens qui ont un rendez-vous.

FLORENCE

255 Oui, Eddy.

les belles soeurs

comedie de miehel tremblay
mise en scene andre brassard

du 28 aout au 13 octobre '68

theatre du rideau vert

direction: yvette brind'amour mercedes palomino
4664 rue st. denis tel. 844 1793

AFFICHE DE GÉRALD ZAHND RÉALISÉE POUR LA CRÉATION DES *BELLES-SŒURS* DE MICHEL TREMBLAY AU THÉÂTRE DU RIDEAU VERT.

L'AFFIRMATION
D'UNE IDENTITÉ

les
belles
soeurs

comédie de michel tremblay
mise en scène andré brassard

du 28 août au 13 octobre '68

© Yves Renaud.

Ines Pérée et Inat Tendu de Réjean Ducharme.

Théâtre du Nouveau Monde, 1991.
Mise en scène de Lorraine Pintal.

L'AFFIRMATION D'UNE IDENTITÉ
La langue et l'identité

En 1968, le milieu culturel québécois est en pleine effervescence. Quatre évènements théâtraux particulièrement marquants reflètent de profonds bouleversements sociaux, notamment en ce qui a trait à l'emploi de la langue parlée sur scène. Le joual, déjà abordé par quelques essayistes et écrivains au cours des années précédentes [1], prend d'assaut diverses scènes de la province. D'abord, en janvier, le Théâtre du Nouveau Monde (TNM) [2] présente une traduction en joual de *Pygmalion,* de George Bernard Shaw. Puis, en mai, l'*Osstidcho,* spectacle de musique et d'humour, fait un tabac au Théâtre de Quat'Sous [3]. Le quatuor formé de Robert Charlebois, Yvon Deschamps, Louise Forestier et Mouffe redéfinit les balises du spectacle en sortant du carcan des chansonniers pour offrir au public le premier « show rock » québécois. Deschamps y présente son désormais célèbre monologue sur les syndicats, « Les unions, qu'ossa donne ? ». Un mois plus tard, soit le 27 juin, est présenté au Festival de Sainte-Agathe *Le Cid maghané* de Réjean Ducharme. Cette pièce de théâtre est une parodie du *Cid* de Corneille. Reprenant l'essentiel du propos (personnages, conflit), Ducharme transpose l'action dans un cadre à la fois réaliste et contemporain [4] et met dans la bouche de ses personnages une langue parlée proprement québécoise, « maghanant » ainsi le texte classique français. Rodrigue, Chimène, Don Diègue et Don Fernand se livrent tant à un duel verbal qu'à un échange de coups bas. Ducharme, surtout connu pour ses romans [5], proposera au cours de la décennie suivante trois autres œuvres pour le théâtre : *Le marquis qui perdit* (1970), *Ines Pérée et Inat Tendu* (1976) et *Ha ha!…* (1978). Dans ces pièces, la langue, truffée de jeux de mots et de références intertextuelles, prend des dimensions ludiques.

---

1. Jean-Paul Desbiens avait publié en 1960 *Les Insolences du frère Untel,* un essai dénonçant l'état lamentable de la langue au Québec. Il a été l'un des premiers, avec André Laurendeau, à employer le terme « joual » (déformation du mot « cheval »). En 1964, les Éditions Parti pris avaient fait paraître le roman *Le Cassé* de Jacques Renaud, dont plusieurs passages relèvent de la langue orale qui s'apparente au joual.
2. Le TNM a été fondé en 1951.
3. Le Théâtre de Quat'Sous a été fondé en 1955.
4. Dans les didascalies initiales, l'auteur précise que l'action doit être jouée en costumes d'époque dans des meubles de 1967.
5. Entre autres *L'Avalée des avalés* (1966), *Le nez qui voque* (1967) et *L'Hiver de force* (1973).

Réjean DUCHARME
(né en 1941)

Ines Pérée et Inat Tendu
(1976)

> ESCALOPE, *dresse l'oreille, tourne la tête, Isalaide rentre*
> *en pressant sur son cœur son œuvre encadrée.*
Vous faites dans la photographie d'art!… *I'll be jiggered!*

ISALAIDE

Vous vous trompez. (*Glousse.*) C'est un petit poème. L'ai-je fait enca-
drer par vanité? Point! Si ces moulures ne m'avaient pas coûté 10 $ et
si je n'avais pas passé une heure à enfermer mes rimes dedans, mon
5 pauvre talent n'aurait pas trouvé grâce à mes yeux. (*Lit en se grattant:*)
   « Quand je me trouve loin de toi
   « Ce qui arrive trop de fois
   « Je perds le nord, je mords mes doigts
   « Je me flanque à l'eau et me noie. »

ESCALOPE

10 Est-ce bientôt tout?

ISALAIDE

C'est tout. (…) Alors?

ESCALOPE

Eh bien… le seul compliment que je peux vous faire, si c'en est un…
(*S'éclaircit la voix:*) c'est que ces octosyllabes sont originaux… Qu'ils
ne ressemblent pas, pas du tout, à ceux de Baudelaire, Verlaine,
15 Rimbaud. Et que si je pensais ça d'eux et de vous, ils se retourneraient
si fort dans leurs cercueils que leurs cénotaphes s'écrouleraient sur
leur dos comme des châteaux de cartes de crédit. (*Isalaide se jette en
pleurant dans ses bras découragés.*) Ça pique?

ISALAIDE

Non: *sadique!*

ESCALOPE

20 Là! Là! Coulez! Videz-vous! Quand on a le cœur tendre, on le dit!
On ne laisse pas les autres sur l'impression qu'il est à l'image du reste
de vos charmes de cinquante-cinq ans. J'aurais pris garde si j'aurais
su, j'eusse fait plus attention… Et je ne serais pas pris dans une situation épineuse, odieuse, honteuse, en tout cas incompatible avec mon
25 degré dans l'échelle de la société. Que diraient mes passionnaires s'ils
voyaient labourer mon nez dans le mou de votre cou? Ils me doivent
des égards! Quel serait leur sort!

UNE VOIX QUI ÉMERGE

Quand la pièce *Les Belles-sœurs* de Michel Tremblay prend l'affiche
au Théâtre du Rideau Vert[1] le 28 août 1968, son auteur est pratiquement inconnu[2]. Un reportage diffusé à la télévision de Radio-Canada
sur une lecture publique de la pièce, en mars de la même année, avait
indigné de nombreux spectateurs, qui téléphonaient pour se plaindre
de la vulgarité de l'extrait présenté. Si la pièce qui a fait connaître
Tremblay a été montée, c'est grâce aux efforts des gens de théâtre.
Les comédiens André Montmorency et Benoît Marleau de même que
la comédienne Denise Proulx ont servi d'intermédiaires auprès du
Rideau Vert, faisant entendre l'enregistrement sonore de la pièce à ses
directrices, Yvette Brind'Amour et Mercedes Palomino. La rumeur
veut qu'elles aient accepté de la présenter à la condition que Denise
Filiatrault, vedette de l'époque, soit de la distribution.

Aux lendemains de la première, les médias sont divisés: certains
crient au génie, d'autres se montrent choqués. Est-ce seulement la
question de la langue qui crée une telle onde de choc? Ce n'est pourtant pas la première fois qu'on parle joual sur scène (il y a eu
Pygmalion et *Le Cid maghané* quelques mois plus tôt). Cette fois-ci
cependant, 15 femmes rassemblées dans une cuisine « parlent mal »,

---

1. Le Théâtre du Rideau Vert a été fondé en 1949.
2. Tremblay avait remporté en 1959 le Concours des jeunes auteurs de Radio-Canada avec sa pièce
   Le Train. Il avait aussi écrit *En pièces détachées*, mise en scène par André Brassard en 1965 sous le
   titre *Cinq*.

une seule du groupe «perle bien[1]»; l'impact est beaucoup plus grand. Le public, habitué à un théâtre plus conventionnel, voit pour la première fois sur scène s'exprimer la misère des femmes d'un milieu social qui n'avait pas sa place dans les représentations culturelles d'alors. Avec le recul, l'auteur lui-même parle d'une «guerre entre deux groupes: les défenseurs de la culture élitiste contre les partisans de la culture populaire[2]». *Les Belles-sœurs* en ont donc fait jaser plus d'un, et la polémique que la pièce a suscitée autour de la langue parlée au théâtre a offert une forme de publicité à un jeune auteur peu connu.

Michel Tremblay, âgé de 26 ans, simple linotypiste dans une imprimerie de Montréal, est soudainement propulsé sur toutes les tribunes. Accompagné de son ami et complice, le metteur en scène André Brassard, guère plus âgé que lui, Tremblay répond aux questions des journalistes sur ses intentions d'auteur. Il affirme qu'il écrit comme ça lui vient, tel qu'il entend et qu'il a toujours entendu les gens parler autour de lui. Il a grandi sur la rue Fabre, au cœur du Plateau-Mont-Royal, un quartier ouvrier de la métropole. Il n'est pas de la lignée des intellectuels issus du collège classique qui forment l'élite de la société québécoise de l'époque. Autodidacte, le dramaturge s'inspire à la fois de la réalité qui l'entoure (les femmes au foyer) et des lectures et spectacles qui l'ont marqué depuis son adolescence[3].

Cet heureux mariage entre le réalisme et les influences littéraires personnelles se poursuit dans ses œuvres dramatiques subséquentes, qu'on désigne sous l'appellation «Cycle des *Belles-sœurs*». Une douzaine de pièces écrites entre 1968 et 1977 se placent toutes dans un même contexte, avec des personnages récurrents. Le monde de Tremblay se divise en deux univers parallèles: le Plateau-Mont-Royal et la *Main*. D'un côté, à l'est du boulevard Saint-Laurent à Montréal, se trouve le quartier ouvrier francophone. Dans les pièces de Tremblay, le Plateau-Mont-Royal est le lieu où évolue la famille, c'est

---

1. Le personnage de Lisette de Courval se targue de mieux s'exprimer que les autres, précisant qu'elle «perle bien».
2. Cité dans *Pièces à conviction, entretiens avec Michel Tremblay*, p. 19.
3. Tremblay aborde ses premières expériences théâtrales dans *Douze Coups de théâtre* (1992) et traite de ses lectures marquantes dans *Un ange cornu avec des ailes de tôle* (1996), deux récits autobiographiques.

le monde des femmes, celui des *Belles-sœurs* invitées dans la cuisine de Germaine Lauzon afin de l'aider à coller dans des carnets le million de timbres-primes qu'elle vient de gagner, qui lui permettront de remeubler son appartement au complet. D'un autre côté, sur la frontière entre l'est et l'ouest de la ville s'étire la *Main*, royaume de la marginalité, de la transgression des interdits. Aboutissent là les êtres qui veulent échapper à l'atmosphère étouffante du cercle familial ; les moyens d'évasion sont l'alcool, la drogue, le travestissement et la prostitution. Tous les rêves sont permis, surtout celui de devenir une star, mais rares sont ceux et celles qui réussissent à s'élever au-dessus de la masse et à échapper à leur milieu.

Trois pièces du Cycle des *Belles-sœurs* présentent clairement cette division entre les deux univers du théâtre tremblayen : *À toi, pour toujours, ta Marie-Lou* (1971), *Sainte Carmen de la Main* (1976) et *Damnée Manon, sacrée Sandra* (1977), qui forment la trilogie des Brassard. Léopold, Marie-Louise, Carmen et Manon Brassard apparaissent dans le premier volet de la trilogie. Emprisonné dans un monde qui l'aliène, le couple formé de Léopold et Marie-Louise ne voit pas d'issue possible. Dix ans plus tard, leur fille, Manon, se trouve elle aussi prisonnière de son passé. Sa sœur Carmen tente de la convaincre de se libérer de ses chaînes, comme elle-même l'a fait quelques années auparavant. *À toi, pour toujours, ta Marie-Lou* s'enracine donc dans l'univers familial du Plateau-Mont-Royal.

Par contre, avec *Sainte Carmen de la Main*, Tremblay transporte son public boulevard Saint-Laurent, au Rodéo, le club où Carmen fait entendre ses chansons de westerns. La deuxième pièce de la trilogie des Brassard est présentée par la Compagnie Jean Duceppe[1] en septembre 1976. Or, après trois soirs, les représentations sont annulées. Personne, mis à part Jean Duceppe, directeur de la compagnie, n'a jamais véritablement su pourquoi la pièce a été interrompue. Tremblay lui-même a appris la nouvelle par le biais des journaux. Les comédiens, de concert avec l'auteur et le metteur en scène, décident finalement de louer une salle afin d'offrir des lectures publiques de la

---

1. La Compagnie Jean Duceppe a été fondée en 1973.

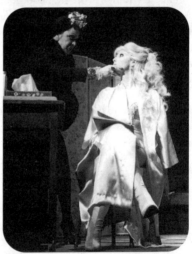

Sainte Carmen de la Main de Michel Tremblay.

Théâtre du Nouveau Monde, 1977-1978.
Mise en scène d'André Brassard.

pièce. Deux ans plus tard, le personnage de Carmen, interprété par Michelle Rossignol qui était de la première distribution, monte sur les planches du TNM dans une nouvelle mise en scène d'André Brassard.

Carmen est l'un des premiers personnages de Tremblay à incarner la liberté. Déjà, dans la première pièce de la trilogie des Brassard, Carmen tient un discours empreint de révolte, une révolte nécessaire à la libération. C'est sur cette voie qu'elle presse sa sœur Manon de s'engager, mais elle baisse les bras devant l'obstination de cette dernière à rester engoncée dans le passé familial. Dans la pièce qui porte son nom, Carmen est devenue une véritable vedette de son milieu, celui des marginaux de la *Main*. Partie perfectionner le chant aux États-Unis, Carmen a commencé à écrire ses propres textes. À son retour au Rodéo, le club tenu par son *chum* Maurice, Carmen prend la liberté de chanter quelques-unes de ses compositions. La réaction de Maurice est immédiate : craignant les conséquences du geste de la chanteuse, il la somme de revenir à son ancien répertoire.

À sa création, *Sainte Carmen de la Main* a été reçue comme une pièce à forte résonance politique. On y voyait une métaphore de la prise de parole identitaire des Québécois et de leur désir grandissant d'indépendance. Dans le contexte où le Parti québécois, dirigé par René Lévesque, s'apprêtait à prendre le pouvoir [1], cette interprétation de la pièce semble justifiable. Toutefois, la plus grande liberté que réclame Carmen est surtout une liberté de création. Elle aimerait se défaire de son image calquée sur le western américain pour se trouver un style plus personnel. Tremblay interroge ici les fondements de notre culture. Sommes-nous condamnés à copier ce qui se fait ailleurs, soit l'héritage français et la culture populaire américaine ? Est-il possible de créer une œuvre originale ? Le public est-il réceptif, prêt à entendre et à assumer sa propre voix ?

---

1. Le Parti québécois a été fondé en 1968 et élu pour la première fois le 15 novembre 1976.

Michel TREMBLAY
(né en 1942)

Sainte Carmen de la Main [1]
(1976)

CARMEN

As-tu entendu le monde comme faut à soir, Maurice ? Les as-tu ben
écoutés ? Les avais-tu déjà vus aussi déchaînés ? Penses-tu vraiment
que des yodles [2] peuvent faire crier, hurler, siffler, piocher le monde de
même ? Penses-tu que si j'étais r'venue avec le même genre de paroles
5   qu'avant, que le monde seraient montés sur leurs chaises pis même
sur leurs tables pour m'empêcher de sortir du stage [3] ? Y'a jamais personne qui les a rendus fous de même, Maurice, parce qu'y a jamais
personne qui leur a parlé d'eux autres ! Moé-même je l'avais pas compris ! Ça fait des années que je leur parle des plaines du Colorado, pis
10 de la lune au-dessus du Tennessee, pis de mes chagrins d'amour dans
la nuit du Montana, pis des valeureux cow-boys du Texas montés sur
leurs chevaux blancs, pis de mes exploits au lasso, pis de mes selles en
cuir repoussé représentant deux cœurs enlacés, pis des nuages chargés
d'orage, pis des amoureux dans le ciel bleu, pis de l'amour qui dure
15 toujours ! Ben j'les trompais Maurice ! Parce que c'est pas ça qu'y veulent entendre ! Ah, eux autres aussi sont ben heureux quand ma voix
gigote un peu partout dans ma bouche mais as-tu entendu c'que ça
leur fait quand ma voix leur parle directement à eux autres dans leurs
mots à eux autres, entre deux yodles ? Hein ? Avant le monde répé-
20 taient mes chansons comme des perroquets sans même penser à c'que
ça pouvait vouloir dire, asteur quand y vont chanter en cœur [4] avec
moé c'est leur vie à eux autres qu'y vont chanter ! Tu trouves pas ça
beau ? C'est vrai que tu penses rien qu'à'piasse ! Pis c'est vrai, aussi,
que les affaires de cœur, ça l'a jamais été ton fort ! Les sentiments, c'est
25 pas ta section ! Ben penses-y, à'piasse ! J't'empêche pas d'y penser !

---

1. *Main* : nom donné au boulevard Saint-Laurent, à Montréal, entre les rues Viger et Ontario,
   là où se trouvait notamment une forte concentration de cabarets et de maisons closes.
2. Yodles : modulations de la voix, souvent entendues dans les chants tyroliens et country.
3. Stage : scène.
4. Cœur : probablement, chœur.

Mes chansons vont te faire faire de l'argent, Maurice, réjouis-toé ! Que c'est que t'as à te plaindre ? C'est vrai qu'y'arait eu autant de monde, à soir, si j'avais chanté les mêmes maudites affaires qu'avant, mais as-tu pensé à demain ? Pis à la semaine prochaine ? Y va avoir encore

30 autant de monde demain, pis peut-être plus, parce que la Main a besoin qu'on y parle de la Main ! Pis si la Main vient m'écouter y parler d'elle, ben la Main va boire ta maudite bière par la même occasion ! Ça fait que farme ta yeule pis empoche !

MAURICE

Maudite innocente ! Tu te rends même pas compte que c'que t'as faite

35 à soir, c'est dangereux !

CARMEN

Ah ! C'est ça ! Le chat sort du sac ! T'as peur d'eux autres !

MAURICE

Non. Pour le moment, j'ai peur de toé. Pis j'ai peur pour toé, imagine-toé donc. Tu te rends pas compte que c'que tu fais-là peut se retourner contre toé !

CARMEN

40 Voyons donc !

MAURICE

Ah, à soir, c'est ben beau, y'ont grimpé sur les tables pis y t'ont crié qu'y t'aimaient, pis y vont revenir demain, pis ça peut durer un mois, six mois, un an, comme ça. Mais d'un coup qu'y finissent par faire c'que tu leur as dit de faire, hein ? As-tu pensé à ça ?

CARMEN

45 Ben, j'espère qu'y vont le faire !

MAURICE

Ouan ? Okay. Admettons. Admettons aussi qu'y suivent tes conseils, qu'y se réveillent, qu'y se lèvent, pis qu'y se choquent. Que c'est que tu penses qu'y va se passer après ? C'est ben beau d'aider le monde à se réveiller, mais un coup qu'y sont réveillés, que c'est que tu fais avec !

50 Ben moé j'peux te dire que c'est qu'eux autres vont faire : y vont prendre la porte ! Y vont sacrer leur camp, c'est toute ! Pis toé tu vas

rester tu-seule comme une dinde sur ton stage dans ton costume gorgeous [1]! Pis tu vas chanter devant des tables vides!

CARMEN

C'est ça que tu comprends pas. Si y sortent, moé aussi j'sors!

MAURICE

55 Fais-moé pas rire! Penses-tu qu'y vont te traîner avec eux autres déguisée de même? Pis j'te connais ben que trop pour savoir que t'iras pas chanter dans les rues! Ça fait que tu vas rester icitte, pis eux autres y vont s'en aller ailleurs. Parce que même si y se réveillent, j'les connais moé, j'le sais comment c'qu'y sont, même si y se réveillent, y
60 vont ben finir par se rendormir devant le premier baveux qui va leur offrir une traite [2], aie pas peur! Pis tes belles idées de liberté vont se changer en rêves d'alcoolique! «Aie, man, te rappelles-tu de Carmen?» «Aie, ça c'tait quelqu'un, man!» Mais y reviendront pas te voir, par exemple! Parce qu'y vont être gênés devant toé! Toé tu vas
65 crever de faim icitte pendant que la fille d'à côté qui va avoir eu la prudence de juste montrer ses gros totons ou de chanter «Prendre un p'tit coup c'est agréable» va faire fortune! Pauvre toé! Tu penses que tu les connais! Ben prend la parole de Maurice-la-piasse: ceux qui aboutissent sur la Main, y veulent pas être sauvés! Ça fait vingt-cinq
70 ans que chus sur la Main, jour et nuit, mois après mois, année après année! J'la connais par cœur, la Main, c'est ma mère! C'est elle qui m'a élevé! C'est elle qui m'a donné mes premiers coups de bâtons sur les doigts, mes premiers coups de pied dans le cul pis mes premières maladies! Y'a pas un pouce carré de la Main que j'peux pas te réciter
75 par cœur! Pis écoute ben ça, ma p'tite fille; c'est pas toé qui va venir la changer! A n'a connu ben avant toé, pis des plus toffes [3], pis est capable d'en prendre! J'sais d'avance tout c'qui peut t'arriver pis j'ai pas envie que tu vides mon club [4] avec tes maudites folies!

CARMEN

Tu penses vraiment rien qu'à toé, hein?

---

1. *Gorgeous*: flamboyant.
2. Offrir une traite: payer un verre.
3. Toffes: durs.
4. Club: bar.

MAURICE

80 Certain que j'pense rien qu'à moé !

CARMEN

Tu dis que tu connais la Main par cœur, pis tu parles d'eux autres comme si c'étaient les derniers des écœurants mais au fond tu penses rien qu'à la piasse que tu peux faire avec eux autres !

MAURICE

Ben oui ! Y'a rien d'autre à faire avec eux autres que de leur faire cra-
85 cher leurs cennes, Carmen, comprends donc ça une fois pour toutes !
Les as-tu ben regardés ? Sais-tu ben pour qui tu chantes tous les soirs ?
Sais-tu ben pour qui t'es la plus belle pis la plus grande chanteuse du monde ? Hein ? C'est toute une gang de sans-dessein[1], pis de sans-cœur, pis de soûlons, pis de dopés qui savent pas la moitié du temps
90 c'qu'y font ni c'qu'y disent pis qui se câlissent au fond des chansons que tu peux leur chanter ! Tu le sais c'que j'dis toujours aux filles qui commencent ? « You're a piece of ass, here, baby, don't you forget that ![2] » Ben toé aussi, Carmen, t'es une « piece of ass » au fond ! T'es as secoués, à soir, t'as réussi à les faire brailler, okay, c'est ben beau,
95 chus ben content pour toé, mais tu restes rien qu'une plotte pareille, Carmen ! Pis quand y vont être tannés de t'entendre leur dire que tu les aimes, y vont t'envoyer chier, pis y vont te redemander tes anciennes chansons ! Si tu réussis à les réveiller, tu les perds parce qu'y crissent leur camp se rendormir ailleurs, pis si tu réussis pas à les
100 réveiller tu vas finir par les gêner pis y vont t'envoyer chier.
Comprends donc une fois pour toutes que t'es-t-icitte pour faire de l'entertainment[3], pas plus ! On n'est pas à l'armée du salut[4] ! Ton rôle consiste à te déguiser en cow-girl à tous les soirs en montrant tes jambes le plus possible, à grimper sur le stage pis à faire baver
105 les hommes en te faisant aller, en sentant fort pis en chantant fort !
N'importe quoi, mais fort ! Ton talent est dans tes yodles, pis moé, ton boss, tout c'que j'te demande c'est d'être la meilleure du genre, la

---

1. Sans-dessein : imbéciles.
2. Traduction libre : « Ici, t'es un morceau de viande, oublie-le pas ! »
3. *Entertainment* : divertissement.
4. Armée du salut : organisme ayant pour mission d'aider ceux et celles qui sont dans le besoin.

reine du yodle, une fille que le monde du dehors vont venir entendre chanter parce qu'y vont avoir entendu dire qu'y'en n'a pas une autre
110 comme toé pour se faire aller le gorgoton[1]! (*En riant.*) « La Main a pas besoin qu'on y parle de la Main! » La Main a besoin qu'on y pogne le cul, c'est toute!

CARMEN

Pis si moé je continue à vouloir faire d'autre chose?

MAURICE

T'auras pas la chance de faire d'autre chose, ma p'tite fille, demain tu
115 reviens à ton ancien répertoire ou ben donc tu chantes pas.
(*Maurice fait le geste de sortir.*)

CARMEN

Maurice. Écoute-moé encore un peu. Pendant que je contais l'histoire de Bec-de-Lièvre[2], à soir, j'la regardais… Maurice, Bec-de-Lièvre c'est ta sœur, ciboire, pis a l'a besoin qu'on l'aide!

MAURICE

120 Si y'avait eu quèqu'chose à faire avec elle avant, je l'aurais faite.

CARMEN

Ça se peut donc pas que tu te trompes! Hein? Avant que j'arrive icitte, tout ce que tu laissais faire à Bec-de-Lièvre c'tait de garder les toilettes de femmes parce que tu pensais qu'a pouvait rien faire d'autre. Pis là a l'a appris à m'habiller, à prendre soin de mon linge pis de mes per-
125 ruques, pis a l'aime tellement ça qu'à veille sus ma loge comme une chatte siamoise sus ses p'tits! Tu t'étais trompé c'te fois-là, non! D'un coup c'est la même chose pour Rose-Beef! Pis pour Sandra! d'un coup ça serait pas de toé qu'y'auraient de besoin, mais de moé! D'un coup que j'arais un rôle à jouer dans leur vie! C'est des
130 dopés? Okay! C'est des soûlons? Okay! C'est pas des lumières? Okay! Mais qui c'est qui les dope, qui les soûle pis qui les laisse mijoter dans leur ignorance? Ben c'est nous autres! Toé avec ton argent qu'y fait qui circule pis moé avec mon talent pour la faire

---

1. Gorgoton: gorge.
2. Bec-de-Lièvre, la sœur de Maurice, est atteinte d'un handicap mental.

circuler! Tu te plains, des fois, Maurice que la Main est pus c'qu'es-
135 tait... J'comprends! Tu y laisses jamais le temps de récupérer! Tu la
saignes à blanc pis c'que tu y donnes pour se remonter l'empoisonne
encore plus! Tu méprises la Main parce qu'a l'achève pis c'est toé qui
va finir par y donner son coup de grâce! Mais moé... moé j'ai découvert qu'y reste une chance de la sauver... Maurice, avec ma voix j'ai
140 décidé d'essayer d'aider la Main à sortir de son trou. Si y faut y montrer à respirer, j'y montrerai à respirer... si y faut toute y montrer j'y
montrerai tout c'que je sais, même si c'est pas ben gros... Y m'écoutent, moé! Y m'aiment, moé! Pis moé aussi j'les aime! Pendant que
j'étais partie, j'ai compris des affaires que j'veux essayer de leur expli-
145 quer. Y sont à terre, mais y faut qu'y se relèvent! On n'a pas le droit des
laisser là! J'sens que chus capable d'les aider à se relever, Maurice!
D'un coup qu'y'arait quèqu'chose à faire avec eux autres! D'un coup
que c'est pas vrai que chus t'icitte rien que pour faire de l'entertainment! D'un coup qu'y m'écouteraient pour de vrai! C'est pas parce
150 que la Main se traîne dans'crasse depuis que tu la connais qu'y faut
continuer à la laisser faire! D'un coup qu'au fond a l'arait... a l'arait
envie d'changer! Pour mieux! D'un coup qu'a l'arait envie de regarder
par en haut au lieu de regarder par en bas! D'un coup qu'a l'arait envie
de marcher en ligne droite sus'a rue au lieu de tituber pis de se cogner
155 contre les vitrines! D'un coup qu'a l'arait envie de chanter fort pis de
rire au lieu de raser les murs en se frappant la poitrine pis en braillant
que c'est de sa faute si est rendue ousqu'à l'est! D'un coup qu'a l'arait
envie de crier au monde: « R'gardez, chus là, me v'là! » au lieu de chu-
choter: « Oubliez-moé, chus laide! » D'un coup qu'a l'arait envie d'être
160 quelqu'un qu'on écoute pis qu'on respecte au lieu d'être une traînée
qu'on viole pour vingt piasses la nuit pis qu'on ignore le jour sauf de
temps en temps pour dire d'elle qu'on n'a honte pis qu'a mérite pas de
vivre! La Main mérite de vivre mais y faut l'aider à s'en rendre
compte! J'ai commencé à soir, Maurice, pis j'm'arrêterai certainement
165 pas là! Si tu veux m'aider, tant mieux. Sinon, tant pis. J'me sens assez
sûre de moé pis assez forte pour te tenir tête. J'pourrais ben passer du
creux de ton lit à la tête de tes ennemis.

(*Maurice éclate de rire.*)

Maurice

Si tu veux pas chanter tes vieilles chansons, demain, reviens pas.
170 Essaye d'aller dire tes affaires ailleurs. (*Avant de sortir.*) Tu iras chanter
tes chansons sur la place Jacques-Cartier[1], voir, si ça va poigner !
(*Il sort.*)

Carmen

J'ai raison ! Y faut que j'aye raison ! Ça se peut pas que du monde que
t'aimes comme ça pis qui t'aiment comme ça te lâchent tout d'un
175 coup pour s'en aller ailleurs ! Y faut juste… oui, y faut juste que je les
tienne réveillés ! C'est à moé de les tenir réveillés, de jamais les lâcher ;
c'est à moé d'être assez bonne pour toujours les tenir intéressés
pis toujours leur donner le goût de revenir ! C'est ça ! Y faut qu'y'ayent
toujours envie de revenir ! C'est ça qu'y faut que j'explique à Maurice !
180 Pis y va finir par comprendre, chus sûre. Y risque rien. Pis c'est pas
vrai qu'y vont s'en aller. Pis c'est surtout pas vrai que c'est des écœurants. Y'agissent en écœurants quand on est chien avec eux autres
mais quand on sait comment les prendre y peuvent être ben corrects.
Si je les laisse tomber, si je r'viens à mes vieilles chansons, demain, là
185 y vont s'en aller. Là, la place va se vider ! J'peux pus leur parler de mes
fausses peines d'amour après leur avoir chanté leurs vrais malheurs !
J'ai pas le droit ! Chus contente, parce que j'peux pus reculer.
Qu'y'arrive n'importe quoi, j'vas être obligée de continuer, d'aller plus
loin, asteur. C'est-tu assez merveilleux, y'a pas de r'venez-y ! Chus
190 rendue trop loin pour regarder en arrière ! Pis viendra peut-être un
jour où j's'rai pus obligée de me déguiser en cow-girl pis de faire des
yodles ! Peut-être que petit à petit j'vas pouvoir abandonner tranquillement le western pour me trouver un style à moé. Un style à moé !
J'ai commencé avec des paroles des autres pis des musiques des autres
195 mais peut-être que j'pourrais finir avec des paroles de moé pis de la
musique de moé ! Aie ! Monter sur le stage sans sentir le besoin… de
me déguiser ! Aie !

---

1. Place Jacques-Cartier : place piétonne de Montréal, située entre l'hôtel de ville et le Vieux-Port.

UNE ŒUVRE EN MOUVANCE

À la fin des années 1970, Tremblay entreprend l'écriture d'une série de romans, les *Chroniques du Plateau Mont-Royal*[1]. Il y reprend plusieurs des personnages de ses pièces de théâtre, reculant dans le temps afin d'explorer leur passé. Beaucoup considèrent ces romans comme la genèse des personnages de Tremblay. Dès les premiers tomes, les lecteurs retrouvent Thérèse et Marcel, deux des personnages d'*En pièces détachées,* le premier texte dramatique de Tremblay. Ils occuperont une place de choix au cœur de l'œuvre romanesque, Thérèse étant le personnage central du deuxième tome, et Marcel, celui des cinquième et sixième tomes. Frère et sœur, ils sont les enfants d'Albertine, une autre figure colossale de l'œuvre de Tremblay. Si Albertine a crié avec rage son drame personnel dans une pièce créée en 1984, *Albertine en cinq temps,* c'est au tour de ses enfants de prendre la scène en 1992 dans *Marcel poursuivi par les chiens.*

Cette pièce conjugue à nouveau les deux univers de Tremblay : le Plateau-Mont-Royal et la *Main.* Mariée à un homme qu'elle n'aime pas, Thérèse tente d'oublier son ennui en buvant. Étouffée par son environnement familial, elle voit son travail de serveuse au French Casino, dirigé par le légendaire Maurice, comme une porte de sortie, une façon de remplir le vide de son existence. Au début de la pièce, témoin d'une scène troublante et se croyant poursuivi par les policiers, Marcel se réfugie chez sa sœur. Lorsque Thérèse rentre chez elle, elle trouve son frère en état de choc.

---

1. *La grosse femme d'à côté est enceinte* (1978), *Thérèse et Pierrette à l'école des Saints-Anges* (1980), *La Duchesse et le Roturier* (1982), *Des nouvelles d'Édouard* (1984), *Le Premier Quartier de la lune* (1989), *Un objet de beauté* (1997).

Michel TREMBLAY
(né en 1942)

Marcel poursuivi par les chiens
(1992)

(*Thérèse aperçoit son frère.*)

THÉRÈSE

Que c'est que tu fais là, toé?

MARCEL

Chus venu me cacher.

THÉRÈSE

Te cacher?

MARCEL

5 Chus venu me cacher chez vous.

THÉRÈSE

Te cacher de qui…

MARCEL

J'savais pas où aller… J'voulais pas retourner chez nous… J'voulais pas voir moman dans c't'état-là…

THÉRÈSE

As-tu faite une gaffe? As-tu faite une gaffe, encore?

MARCEL

10 Moman devine toujours toute quand chus dans c't'état-là.

THÉRÈSE

Marcel, j'te demande si t'as faite une gaffe!

MARCEL

C'est pas moé qui a faite une gaffe!

THÉRÈSE

Es-tu sûr? Es-tu sûr que t'as pas faite un mauvais coup? R'garde-moé dans les yeux, là…

MARCEL

15 J'ai pas faite de mauvais coup, j'te le jure! Mais j'veux pas parler de ça tu-suite. Laisse-moé me reposer un peu, sinon j's'rai pas capable d'être clair, pis tu me croiras pas! Quand chus pas clair, tu me crois pas pis quand tu me crois pas, j'me fâche…

THÉRÈSE

Okay. Okay. R'pose-toé. R'prends ton souffle. J'vas attendre. Veux-tu
20 dormir un peu?

MARCEL

Non! Non! J'veux continuer à parler avec toé. Mais pas de ça. Pas tu-suite. Parle-moé. D'où c'est que t'arrives, comme ça? Les clubs sont pas encore ouverts, pourtant, pis on dirait que t'es déjà paquetée.

THÉRÈSE

T'es ben naïf… Si y faudrait que j'attende que les journées passent
25 pour boire, le temps s'rait long, des fois… Le temps passerait pas. Les journées auraient pas de fin. La boisson, ça enlève la notion du temps. Quand tu bois, le temps est pus long. Y'a pus d'importance. Si tu savais… J'en ai tellement besoin que c'est rendu que… Jure-moé que tu répéteras pas ça à moman…

MARCEL

30 Ben oui…

THÉRÈSE

Ni à parsonne d'autre…

MARCEL

Ben oui…

THÉRÈSE

J'sais pas pourquoi j'te dis tout ça, tout d'un coup…

MARCEL

Parce que j't'ai demandé de me parler. Continue à me parler, Thérèse,
35 j'en ai besoin.

Thérèse

C'est rendu que j'y pense quand j'me réveille le matin, des fois…
T'sais… Quand la soirée a été ben occupée la veille, que j'ai couru
dans ma section pendant des fois six ou sept heures d'affilée sans
m'arrêter parce que les clients pis Maurice criaient après moé, que j'ai
40 bu pas pour m'amuser mais pour me donner du courage pour continuer… la première chose que je pense en me réveillant c'est ça… Pas
du fort tu-suite, là, non, non, mais une p'tite bière ben frette pour me
partir. Pour partir la journée. Pour pas partir la journée d'une façon
trop straight[1]. En fait pour oublier qu'y'a une journée qui com-
45 mence. Des heures pis des heures à attendre que la nuit tombe parce
que le jour fait trop mal. Parce qu'à côté de moé dans le litte y'a
Gérard qui est déjà un vieillard à trente-cinq ans, une loque qui travaille pus parce que je fais assez d'argent pour deux pis qui se couche
aux mêmes heures que moé même si j'y ai défendu depuis longtemps
50 de venir me voir au French Casino[2]. Y m'attend jusqu'à trois-quatre
heures du matin en écoutant le radio. Des fois j'y parle même pas
quand j'arrive de travailler parce que si j'y parlerais j'le f'rais brailler
pis que chus tannée de le faire brailler. De toute façon, y braille pareil.
Y braille tout le temps. L'homme qui a couru après moé si longtemps
55 pis qui a fini par me rattraper est juste un braillard, Marcel, pis ça me
rend folle. Juste sa présence dans le litte, Marcel, sa senteur… sa senteur qui a déjà été si excitante pis qui est rendue si écœurante… En
tout cas. J'ai envie de boire, aussi, parce que j'ai rien à faire de toute la
journée. Même si tu te lèves pas avant midi, les après-midi sont lon-
60 gues quand tu travailles pas avant neuf ou dix heures du soir… Ça fait
que sais-tu ce que je fais ? J'devrais peut-être pas te conter toute ça, t'es
trop jeune, tu peux pas comprendre…

Marcel

On se dit toujours toute, tou'es deux…

Thérèse

C'est pas vrai, ça… Mais on aime ça le croire… Ça fait que j'me lève
65 péniblement sans lever le store vénitien parce que la lumière du jour

---

1. *Straight* : ordinaire.
2. French Casino : bar où travaille Thérèse.

me ferait mal aux yeux, pis j'me dirige vers le frigidaire… C'est drôle,
hein, as-tu déjà remarqué, moman pis ma tante Nana aussi, quand y
se lèvent, c'est toujours pour aller direct au frigidaire… Y sortent le
lait, le café que ma tante Nana a toujours tenu dans le freezer[1],
70 le beurre, les œufs, toute pour faire le déjeuner… Quand y se réveillent, eux autres, c'est pour aller fouiller dans le frigidaire. Pis quand
les hommes se lèvent, c'est pour aller tout salir c'que les femmes leur
ont préparé, sans même y penser. Mais pas moé. C'est pas les œufs pis
le bacon pour mon mari que j'vas chercher, quand j'me lève. De toute
75 façon, y'a jamais grand'chose à manger dans le frigidaire, icitte. Non.
J'finis la grosse bouteille que Gérard a pas finie la veille ou ben donc
j'en ouvre une neuve. Ça fait tellement de bien. Si tu savais. Ça fait tellement de bien. C'est plus qu'un soulagement, c'est une consolation.
Une consolation pour la journée de la veille qui a mal fini pis pour
80 celle qui s'en vient qui va finir mal. Si j'pouvais le faire, Marcel, si
y'avait des clubs d'ouverts, le jour, sais-tu c'que je f'rais? J'irais m'engager comme waitress de midi à neuf! J'travaillerais un shift[2] double,
j'm'userais au travail pour pas avoir à passer des après-midi de temps
à attendre la délivrance à côté de mon braillard! Y'a quequ'chose qui
85 se passe en dedans de moé tu-suite après les premières gorgées. Une…
une paix. J'm'assis au bord d'la table, j'passe ma main sur la surface
froède… J'pourrais rester là des heures… Toute la journée. J'pense
que j'pourrais rester là toute la journée.

MARCEL

Pourquoi tu sors pas?

THÉRÈSE

90 Pour aller où? As-tu vu la rue Dorion? Pour aller où sur la rue
Dorion? J'aime mieux rester au fond de mon trou à me remplir de
consolation qui coûte pas cher. En attendant que la nuit tombe. Chus
faite pour vivre la nuit, Marcel, dans un monde qui respecte juste le
jour. Chus faite pour les néons, la senteur d'la boisson, la musique
95 forte, l'étourdissement, chus faite pour l'étourdissement, pas pour la
rue Dorion pis les cordes à linge de ses fonds de cour. Les cordes à linge

---

1. *Freezer*: congélateur.
2. *Shift*: quart de travail.

m'exaspèrent. C'est des toiles d'araignées qui te lâchent pas, qui t'étouffent, qui te tuent tranquillement. Sans que tu t'en rendes compte. Tu te tiens au bout de ta galerie, tu regardes jusqu'au bout de
100 la ruelle, pis tout c'que tu vois… c'est des toiles d'araignées avec des femmes qui sèchent dedans. Quand j'entends un bruit de poulie, dans la cour, j'ai envie de sortir pis de crier à la voisine de se sauver avant qu'y soye trop tard! Mais j'grouille pas. J'reste icitte pis j'bois ma bière.

Marcel

Mais t'es pas déjà trop paquetée quand vient le temps d'aller tra-
105 vailler, le soir?

Thérèse

Es-tu fou! Chus juste ben! Chus en forme pour affronter mon trou-peau de soûlons! Depuis l'heure du souper que je tourne en rond parce que j'me sens d'attaque! Des fois j'pars plus de bonne heure parce que chus trop excitée! Pis que j'ai trop hâte de travailler! De bouger! De
110 faire quequ'chose! De faire quequ'chose d'autre que d'attendre! Des fois j'aide Willy Ouellette à balayer le plancher, à passer son torchon sur les tables pis les chaises… Ensuite, j'paye à Maurice le dix piasses que ça me coûte pour travailler tou'es soirs [1], pis chus la première à attendre le premier client! Chus pleine de bière, c'est vrai, chus t'obligée de mâcher
115 d'la gomme pour cacher mon haleine, c'est vrai, mais chus ben! Pis chus la plus efficace su'l'plancher, ça fait que Maurice r'garde ailleurs quand y m'arrive de faire des gaffes. J'le sais que Maurice c'est un rat, mais c'est grâce à lui que Vick pis Nick m'endurent au French Casino même si je bois un peu trop…

[…]

Thérèse

120 Là, j'vois pus le temps passer au milieu des clients pis des marcheuses qui se font aller le darriére sur le stage pis des vendeurs de goofballs [2] pis des guidounes [3] qui montent dans les chambres avec le sourire pis

---

1. Thérèse, pour pouvoir travailler au club de Maurice, devait chaque soir payer 10 dollars. Son salaire n'était constitué que des pourboires que lui versaient les clients.

2. *Goofballs*: amphétamines.

3. Guidounes: prostituées.

qui en redescendent avec un air de mépris qui me réjouit le cœur !
C'est ma place, c'est là que chus heureuse pis ça dure jamais assez
125 longtemps même si c'est épuisant ! J'voudrais rester là tout le temps !
Dormir là ! Pis travailler là ! Jamais en sortir ! As-tu déjà vu ça, toé,
quelqu'un qui voulait rester prisonnier de son travail ? Mon monde
serait complètement fermé. J'descendrais même pus sur la rue Sainte-
Catherine… J'approcherais même pus de la porte d'entrée !
130 J'coucherais en dessous des tables ! J'resterais dans la section du fond,
la plus bruyante parce que c'est là que les soûlons se réfugient, pis
j'leur servirais d'la bière pis du fort… jusqu'à ce que j'en crève !

La création collective

Au tournant des années 1970, tout l'Occident est frappé par une
remise en question des valeurs traditionnelles et par des bouleversements sociaux. La France vit, par exemple, les évènements de
mai 1968, et le Québec, en pleine effervescence politique, sociale et
culturelle, connaît aussi son lot de changements. Expo 67, tenue à
Montréal, offre une occasion unique pour les Québécois de se décou-
vrir et de s'ouvrir sur le monde ; elle attire plus de 50 millions de visi-
teurs. La même année, conformément aux recommandations de
Mgr Parent dans son rapport sur l'éducation, le gouvernement crée les
cinq premiers cégeps. C'est également en 1967 que le général Charles
de Gaulle lance, devant une foule en délire, son fameux : « Vive
le Québec libre ! » Peu de temps après, René Lévesque fonde le
Mouvement souveraineté-association (MSA), qui promeut l'idée
d'indépendance du Québec. Le MSA devient le Parti québécois en
1968, avec Lévesque à sa tête.

Cette volonté de changement prend d'assaut la scène théâtrale québécoise : c'est la façon même de faire du théâtre qui est remise en question. Plusieurs jeunes créateurs rejettent les coutumes établies et
proposent de nouvelles règles, celles de la création collective. Ils refu-
sent désormais d'endosser la parole d'un auteur, de se soumettre à un
metteur en scène et de se voir imposer un texte. Les comédiens deviennent alors plus que de simples interprètes, ils sont appelés à participer

à la création du spectacle, où l'improvisation occupe souvent une grande place. La scène devient un lieu privilégié de débats politiques, idéologiques et sociaux [1]. En 1969, par exemple, Jean-Claude Germain fonde le Théâtre du Même Nom (TMN [2]) qui présente le collectif *Les Enfants de Chénier dans un autre grand spectacle d'adieu* (1969). La pièce, un adieu aux classiques du répertoire, dénonce la tendance du milieu théâtral québécois à se soumettre à la culture et aux chefs-d'œuvre étrangers, surtout français. En 1971, la troupe Le Grand Cirque ordinaire crée *T'en rappelles-tu Pibrac?,* qui prend les allures d'une manifestation contre le chômage chronique dans ce village du Saguenay–Lac-Saint-Jean. Après quelques représentations de cette pièce où Jean Drapeau, Robert Bourassa et Pierre Elliott Trudeau font l'objet de critiques, le ministère des Affaires culturelles en fait interrompre la tournée. Cette forme de théâtre, qui connaîtra son déclin dans les années 1980, aura forcé le milieu du théâtre à revoir la place que joue chacun dans une production théâtrale [3].

Françoise Loranger est une des premières dramaturges québécoises dont les pièces traduisent cette volonté de revoir la façon même de faire du théâtre. Après *Une maison… un jour* (1963) et *Encore cinq minutes* (1966), elle rompt avec le théâtre traditionnel et s'engage dans une création où la participation et la réflexion du spectateur priment. En ce sens, ses pièces *Double Jeu* (1969), *Le Chemin du Roy* (1968) et *Médium saignant* (1970) s'apparentent à ce que font les auteurs en création collective. Par exemple, la pièce *Double Jeu,* bien qu'écrite par Loranger, se voit transformée par les comédiens en répétition et même en cours de représentation. Comme les spectateurs sont

---

1. Le mouvement s'étend à tout le Québec : le Théâtre Euh !, à Québec ; le Théâtre les gens d'en bas, à Rimouski ; le Théâtre du Sang Neuf, à Sherbrooke ; le Théâtre Parminou, à Québec, puis à Victoriaville.
2. Le choix du nom TMN est une façon de tourner en dérision le Théâtre du Nouveau Monde (TNM), qui présente des classiques.
3. La création collective n'est pas complètement disparue. Certaines troupes de théâtre amateur et étudiant en font encore.

appelés à réagir et à intervenir dans le spectacle, une part importante est laissée à l'improvisation.

Comme *Le Chemin du Roy, Médium saignant* est une pièce contestataire, écrite en réaction immédiate aux évènements politiques qui agitent le Québec. À l'époque, de nombreux immigrants choisissent l'anglais comme langue d'instruction pour leurs enfants et la question de la langue devient de plus en plus épineuse. En octobre 1969, le gouvernement du Québec dépose le projet de loi 63, qui donne notamment aux parents le choix entre l'école française ou anglaise. La population, qui s'inquiète de la situation du français, surtout dans la métropole, réagit vivement, ce qui déclenche un tollé. Un très grand nombre de gens prennent part à la manifestation organisée par le regroupement Front commun du Québec français devant l'Assemblée nationale du Québec. René Lévesque et Yves Michaud, alors députés de l'opposition, tentent de faire échec au projet de loi, mais, malgré la désapprobation qui fuse de toutes parts, la loi 63 est adoptée en novembre 1969.

La pièce *Médium saignant,* créée à la Comédie-Canadienne en janvier 1970, met en scène un groupe de jeunes qui montent un spectacle dans le centre culturel d'une banlieue montréalaise. Ils sont interrompus par l'arrivée du conseil municipal qui souhaite tenir une assemblée spéciale. La participation des spectateurs, mêlés à la foule d'anglophones, de francophones et de néo-Québécois qui assistent à la réunion, est sollicitée. Quelques minutes après le début de la séance, la langue, rapidement au cœur du débat, fait se déchaîner les passions et laisse voir les peurs qui habitent chacun. La rencontre, pendant laquelle on énumère de nombreux faits et statistiques sur la réalité linguistique du Québec, prend véritablement l'allure d'une séance de défoulement collectif, voire d'un exorcisme. La pièce de Loranger, qui présente différents points de vue, dérange, provoque, accuse, questionne, incite le spectateur à prendre position, mais ne propose pas de solution.

Françoise LORANGER
(1913-1995)

Médium saignant
(1970)

LANGELIER

Ah ! Pardon ! je proteste…

LANCTÔT

Je ne déteste personne !

GIROUX

Moi non plus !

OLIVIER, ironique.

Non bien sûr ! Un si vilain sentiment ! On aurait honte de l'avouer !

LANGELIER, protestant.

5 Mais je vous assure, la haine, je ne connais pas ça !

OUELLETTE, impatient.

Où voulez-vous en venir ?

GIROUX, scandalisé.

Aie ! Je déteste personne !

LANCTÔT, indigné.

Je m'en défends bien moi aussi !

LANGELIER, LANCTÔT

Personne !

OLIVIER

10 Même pas les Anglais ?

LANGELIER

Certainement pas !

LANCTÔT

Voyons donc !

LANGELIER

Jamais pensé à ça !

GIROUX, *moins fort.*

On est plus objectif que ça !

LANCTÔT

15 On n'est plus des enfants…

CITOYEN I, *se levant.*

Ben moi, je les z'haïs, les Anglais ! Je les z'haïs, du verbe z'haïr. Un verbe inventé exprès pour eux autres !

OLIVIER

Enfin quelqu'un qui triche pas !

UNE CITOYENNE

J'aime pas ça l'admettre, mais moi si je les z'haïs.

OLIVIER

20 Et moi aussi !

MAIRE

M. Olivier…

OLIVIER

Parce qu'ils ne nous respectent pas !

GREFFIER

Je les z'haïs parce que j'ai peur que les Québécois disparaissent à cause d'eux autres.

LANCTÔT

25 C'est une honte !

CITOYEN II

Je les z'haïs parce que je me sens comme leur esclave quand ils me commandent sur la job !

LANGELIER, *scandalisé.*

J'aurais jamais cru !…

PASCALE

Je les z'haïs parce qu'ils m'obligent à parler leur langue…

OLIVIER

30   Parce qu'ils nous forcent à vivre dans un état d'alerte perpétuel…

CITOYEN I

Je les z'haïs parce qu'on est tout le temps mal à cause d'eux autres. Tout le temps mal!

QUELQUES VOIX

Je les z'haïs! Je les z'haïs, je les z'haïs.

(*Le vicaire qui s'est levé, s'approche alarmé.*)

VICAIRE

35   Mes amis!

LOUIS

Les néo-Canadiens aussi je les z'haïs.

CITOYEN I

Moi aussi je les z'haïs.

OUELLETTE

Écoutez-les donc!

LANGELIER

Monsieur le Maire!…

LANCTÔT

40   Arrêtez ça, s'il vous plaît!

MAIRE

C'est scandaleux!

LOUIS

Je les z'haïs parce qu'ils sont en train de nous étouffer avec leur immigration!

UNE CITOYENNE

Parce qu'ils sont à la veille d'être plus nombreux que nous autres…

Citoyen I

45 Parce que j'ai peur qu'ils finissent par nous avoir !

Quelques voix

Je les z'haïs, je les z'haïs, je les z'haïs…

Vicaire, *s'approchant. Horrifié.*

Je vous en prie…

Langelier, *scandalisé.*

Y a pas d'amour qui se perd ce soir !

Une citoyenne

Moi, c'est les Français que j'haïs !

Citoyen I

50 Moi aussi !

Citoyen II

Je les z'haïs parce que j'ai peur qu'ils rient de moi quand j'ouvre la bouche.

Alice

Je les haïs parce qu'ils parlent comme des dictionnaires !

Giroux

Je les z'haïs parce que je me sens inférieur devant eux.

Ensemble

55 Je les z'haïs, je les z'haïs, je les z'haïs !

Ouellette

Bande d'enfants !

Vicaire, *suppliant.*

Je vous en prie, mes amis ! Mes amis !

Citoyen II

Moi, c'est les politiciens que j'haïs !

Langelier, *spontanément.*

Ah ! ben eux autres par exemple, moi aussi je les z'haïs.

60 (*Olivier se met à rire.*)

Citoyen I

Je les z'haïs parce que j'ai toujours peur qu'ils jouent le jeu des Anglais et de la finance…

Langelier

Je les z'haïs parce qu'on peut jamais être sûr de leur intégrité.

Greffier

Je les z'haïs parce qu'on peut jamais être certain qu'ils aiment le 65 Québec autant que nous autres !

Vicaire

Arrêtez ça ! C'est une honte !

Quelques voix

Je les z'haïs, je les z'haïs, je les z'haïs…

Louis

Moi c'est vous autres que j'haïs ! Tous les vieux, tous les parents, tous les adultes, je les z'haïs !

Pascale

70 Je les z'haïs parce qu'ils rejettent tout ce qu'on leur propose !

Claude

Je les z'haïs parce qu'ils ont rien que des idées toutes faites !

Pascale

Parce qu'ils ont peur de tout ce qui est nouveau !

Claude

Je les haïs parce que j'ai peur de devenir comme eux autres !

Tous

Je les z'haïs, je les z'haïs, je les z'haïs.

Lanctôt, *éclatant.*

75 Eh ! bien, moi, c'est la jeunesse que j'haïs, comme vous dites ! Tous les jeunes, je les z'haïs !

Citoyen II

Je les z'haïs parce qu'ils respectent rien.

LANCTÔT, *avec rancœur, à voix basse.*
Je les z'haïs à cause de leur intolérance.

CITOYEN II
De leur impatience…

ALICE
80 De leur exigence…

MAIRE
Je les z'haïs…

VICAIRE
Monsieur le Maire !…

MAIRE
… parce qu'ils veulent toujours aller trop vite et que je m'essouffle à
les suivre !

LANCTÔT
85 Je les z'haïs parce qu'ils nous poussent dans le dos tout le temps !

MAIRE
Et qu'ils passent leur temps à nous défier !

CITOYEN II
À nous critiquer…

MAIRE
À nous mépriser…

LANCTÔT
Je les z'haïs parce qu'ils nous jugent !

QUELQUES VOIX
90 Je les z'haïs, je les z'haïs, je les z'haïs…

GIROUX
Moi, c'est les femmes que j'haïs…

CITOYEN I
Moi aussi, les femmes, je les z'haïs…

Giroux

Je les z'haïs parce qu'elles veulent toujours nous mener par le bout du nez.

Greffier

95 Parce qu'il faut être beau pour qu'elles nous aiment!

Giroux

Parce qu'elles voudraient nous dominer.

Citoyen I

Parce qu'elles ont toujours l'air d'attendre quelque chose de nous autres!

Greffier

Parce qu'elles nous mentent, parce qu'elles nous trompent.

Les trois

100 Je les z'haïs, je les z'haïs, je les z'haïs…

Vicaire

Mes amis! 2000 ans d'éducation chrétienne!

Anna

Moi, c'est les hommes que j'haïs!

Alice

Moi aussi, je les haïs!

Une citoyenne

Je les z'haïs parce qu'on est rien que des objets pour eux autres.

Alice

105 Je les z'haïs parce qu'on a jamais fini de les servir!

Anna

Et parce qu'ils n'ont jamais fini de se servir de nous autres!

Une citoyenne

Je les z'haïs parce qu'ils nous exploitent dans le travail aussi bien qu'à la maison!

ALICE

Je les haïs parce qu'on vit dans un monde d'hommes et qu'on est
110 encore quasiment leurs esclaves !

LES TROIS

Je les z'haïs, je les haïs, je les z'haïs !

VICAIRE, *submergé.*

Tant de haine ! C'est à lever le cœur !

OLIVIER

De quoi vous plaignez-vous, c'est une confession générale !

GIROUX

Peut-être qu'on n'haïra plus personne après ça !

VICAIRE

115 J'ai honte pour vous.

OUELLETTE

Vous pouvez bien avoir honte, parce que moi aussi ça me dégoûte.
(*S'adressant aux conseillers.*) Oui, ça me dégoûte ! (*Éclatant.*) Et si
vous voulez savoir toute ma pensée je vais vous la dire. Moi, c'est nous
autres que j'haïs. Oui, tout nous autres les Québécois !

GREFFIER, *bas.*

120 Moi aussi je nous z'haïs !

OLIVIER

Moi aussi !

OUELLETTE

Je nous z'haïs de passer notre temps à détester et à envier les autres.

GREFFIER

Je nous z'haïs de jamais nous faire confiance !

OLIVIER

Je nous z'haïs de si mal nous aimer !

OUELLETTE

125 D'être un petit peuple sans envergure, même pas capable de se
défendre !

GREFFIER

Un petit peuple de braillards.

OUELLETTE

Je nous z'haïs de nous contenter de japper au lieu de mordre !

GREFFIER

Je nous haïs de penser rien qu'à rattraper les autres au lieu de cher-
130 cher ce qui serait bon pour le Québec…

OUELLETTE

Je nous z'haïs d'avoir honte de nous autres tout le temps, je nous
z'haïs d'être lâches !

OLIVIER

Et de passer notre temps à nous critiquer les uns les autres au lieu
d'agir !

OUELLETTE, *avec rage.*

135 Toutes nos énergies qui passent là-dedans ! Maudit ! Regardez-nous
donc encore, tout « pognés » avec nos problèmes ! Vous pouvez toujours détester les Anglais, mais jamais vous les verrez se livrer à des
scènes pareilles !
Jamais ! Ils se respectent eux autres.

140 (*Pinkerton s'approche poussant Tonio devant lui.*)

PINKERTON

Go ahead ! Tell them !

TONIO, *s'approchant, gêné.*

Well… as far as we're concerned… (*Éclatant.*) I hate the French-
Canadians !

PINKERTON, *s'approchant. À son tour.*

And I hate them too. All of you !

TONIO

145 All of you !

ANNA

All of you !

(Étonnement et soulagement général. Alice, peu à peu, s'écartera du groupe anglais.)

ANNA, *avec force.*

Yes, all the French-Canadians!

TONIO

150 I hate them because they've never done anything for us, except criticize!

PINKERTON

I hate them because they've always refused to be like us!

ANNA

Because they make trouble all the time!

PINKERTON

Because what's good for us never seems good enough for them.

TONIO

Because they want to force their language on us!

PINKERTON

155 Because they don't care for Canada.

PIN-ANNA-TON

I hate them, I hate them, I hate them [1]!

LANGELIER, *suffoqué.*

Eh! ben…

GIROUX

Wow!

OUELLETTE

Tabarnac!

---

1. Traduction libre : PINKERTON : Vas-y! Dis-leur! / TONIO : Euh… pour être vraiment honnêtes… Je hais les Canadiens français! / PINKERTON : Je les hais aussi. Tous! / TONIO : Sans exception! / ANNA : Sans exception! / ANNA : Oui, tous les Canadiens français! / TONIO : Je les hais parce qu'ils n'ont jamais rien fait pour nous, sauf nous critiquer! / PINKERTON : Je les hais parce qu'ils ont toujours refusé d'être comme nous! / ANNA : Parce qu'ils causent des problèmes tout le temps! / PINKERTON : Parce que ce qui est bon pour nous ne l'est jamais assez pour eux, on dirait. / TONIO : Parce qu'ils veulent nous imposer leur langue! / PINKERTON : Parce qu'ils se foutent du Canada. / PIN-ANNA-TON : Je les hais, je les hais, je les hais!

ALICE, *larmes aux yeux.*

160 J'aurais jamais cru !

VICAIRE

C'est épouvantable ! Je vous supplie d'arrêter ça ! Au nom de la décence, au nom de la charité…

ANIMATEUR, *l'interrompant.*

Moi, c'est vous autres que j'haïs parce que vous nous avez tordu dès l'enfance !

OLIVIER

165 Parce que vous nous avez élevés en peureux…

LANGELIER

Avec votre autorité toute-puissante…

MAIRE

Vos perpétuelles interdictions…

OUELLETTE

Vos gros presbytères quand on crevait de faim…

MARIE

Toujours prêts à nous excommunier.

GIROUX

170 À nous courber la tête…

ALICE

À nous faire trembler…

GREFFIER

À nous faire ramper…

ANNA

Faites pas ci ! Faites pas ça !

CITOYEN II

Péché mortel !

LANGELIER

175 Vous irez en enfer !

OUELLETTE

À genoux tout le monde !

UNE CITOYENNE

Repentez-vous !

MAIRE

Soumettez-vous !

LANCTÔT

Résignez-vous !

OLIVIER

180 Tendez l'autre joue !

VICAIRE

Mais j'ai été élevé de la même façon !

GREFFIER

Vous vous mettiez à part des autres !

OUELLETTE

Au-dessus du troupeau !

CITOYEN I

Y est temps que vous vous mouilliez vous autres aussi !

ANIMATEUR

185 Montrez-vous tel que vous êtes…

OUELLETTE

Un homme comme les autres !

OLIVIER

Dites-nous qui vous haïssez…

VICAIRE

Personne ! Je ne déteste personne !

ANIMATEUR

Il se prend pour un saint !

VICAIRE

190 Personne ! Je vous le jure !

OLIVIER

Cherchez un peu…

VICAIRE

Personne !

ANIMATEUR

Un petit effort !

VICAIRE

Personne ! Personne à part moi ! C'est moi que j'haïs, c'est moi !

195 (*Un temps de silence et de malaise.*)

VICAIRE, *à voix basse.*

Je m'haïs, je m'haïs…

GREFFIER, *même jeu.*

Moi aussi, je m'haïs.

VICAIRE

Je m'haïs d'être ce que je suis : un être humain !

GIROUX

Je m'haïs parce que je me sens toujours petit devant les autres.

GREFFIER

200 Je m'haïs de jamais oser dire ce que je pense, ou faire ce que je veux.

VICAIRE

Je m'haïs de ne pas correspondre à l'image que je m'étais faite de moi…

LANGELIER

Je m'haïs pour toutes mes contradictions.

GREFFIER

Je m'haïs de me trouver laid et d'en souffrir.

OUELLETTE

205 Je m'haïs d'avoir si peur de la pauvreté…

VICAIRE

Je m'haïs d'être aussi incapable de vertus que de vices ! Je m'haïs d'avoir l'esprit sec et le cœur vide ! Je m'haïs d'être incapable aussi bien d'aimer les autres que moi-même. Je m'haïs, je m'haïs, je m'haïs.

TOUS

Je m'haïs, je m'haïs, je m'haïs !
210 (*Un temps d'angoisse pour tous.*)

LANGELIER

J'ai peur qu'on n'en sorte jamais !

GIROUX

Je peux plus m'endurer avec toutes mes peurs !

UNE CITOYENNE

On va-tu passer toute not'vie de même ?

CITOYEN II

Faudrait en finir, batêche[1] ! En finir une fois pour toutes !

LANGELIER

215 Mais qu'est-ce qu'il faut faire pour être changé ?

La crise d'Octobre

L'agitation politique atteint des sommets lors de la crise d'Octobre, l'une des plus grandes crises politiques que le Québec ait connues. En octobre 1970, des membres du Front de libération du Québec (FLQ)[2], jugeant que la situation politique piétine, kidnappent James Richard Cross, l'attaché commercial de Grande-Bretagne, et Pierre Laporte, le ministre du Travail et de la Main-d'œuvre du Québec. Les ravisseurs

---

1. Batêche : juron.
2. Le groupe, auteur de nombreuses actions terroristes commises à partir de 1963, s'attaque généralement à des cibles symbolisant la présence des Anglais au Québec : boîtes aux lettres de Westmount, casernes militaires, etc.

réclament entre autres la diffusion du *Manifeste du FLQ,* qui sera lu sur les ondes de CKAC et à l'antenne de Radio-Canada, et la libération de prisonniers politiques. Quelques jours plus tard, le premier ministre du Canada, Pierre Elliott Trudeau, décrète la Loi des mesures de guerre : les droits civils sont suspendus, l'armée canadienne occupe le Québec et procède à l'arrestation de plus de 400 personnes jugées suspectes, parmi lesquelles de nombreux artistes et comédiens. James Richard Cross est libéré, mais Pierre Laporte est retrouvé assassiné.

C'est au plus fort de cette crise, en octobre et en novembre, que Robert Gurik, un dramaturge alors très engagé politiquement, écrit trois courtes pièces rassemblées en un volume : *Les Tas de sièges* (1970). Gurik s'amuse avec la langue, mais son humour est plutôt grinçant, compte tenu du contexte. Le triptyque, composé de *D'un séant à l'autre, J'écoute* et *Face à face,* dénonce les aberrations et les abus auxquels donne lieu la crise d'Octobre. *D'un séant à l'autre* exploite l'incommunicabilité d'un couple qui finit par s'étrangler en écoutant le *Ô Canada. J'écoute* présente Louise et Jean-Guy, un couple tenu de rapporter toute conversation suspecte entendue en faisant de l'écoute électronique pour le gouvernement. Le syndicalisme, l'indépendantisme, le communisme, les manifestations étudiantes, les enlèvements, tout y passe… même le mari de Louise, que celle-ci dénonce. Dans *Face à face,* un soldat fait la rencontre d'une prostituée dans une rue déserte.

Robert GURIK
(né en 1932)

Face à face
(1970)

LA FEMME

Wow ! Wow ! doucement bonhomme, j'ai pas de bombes ! (*Elle se prend les seins.*) À moins que tu appelles ça des bombes…

LE SOLDAT

Excusez-moi, Madame…

LA FEMME

Mademoiselle!

LE SOLDAT

5 Excusez-moi, mademoiselle... c'est rare qu'il passe quelqu'un à 3 heures du matin. On est un peu plus nerveux.

LA FEMME

T'inquiète pas mon beau sapin, la rue est calme comme une tombe.

LE SOLDAT

Pourquoi vous m'appelez mon beau sapin?

LA FEMME

Parc'q déguisé comme que tu l'es, t'as l'air d'un vrai arb' de Noël.

LE SOLDAT, *se mettant au garde-à-vous.*

10 J'm'appelle Pierrre Édouard Joseph André Parmentier, soldat de 2ième classe, 3ième bataillon du 4ième régiment. Matricule 67-68-69-70-71.

LA FEMME

OK, OK, Pierre... Joseph... (*Le soldat relâche son attitude.*) J'voulais pas rire de toi... eh! ça doit pas être drôle de rester là toute la nuite.

LE SOLDAT

Ah, pour ça non!

LA FEMME

15 D'où tu viens?

LE SOLDAT

De Petawawa[1].

(*Elle éclate de rire.*)

LE SOLDAT

Ben quoi? qu'est-ce que j'ai dit de si drôle?

LA FEMME, *riant.*

Petawawa... c'est... c'est un pet en indien?

---

1. Petawawa : ville de l'Ontario où se trouve une base militaire.

LE SOLDAT, *très froid.*

20 Mais non, c'est une ville dans l'ouest où on est stationné. À vrai dire,
là-bas non plus c'est pas drôle. On a une danse deux fois par an avec
les infirmières d'un hôpital psychiatrique, qui est à 50 milles [1].

LA FEMME, *donnant un petit coup de coude.*

Les infirmières, c'est l'fun… elles, elles connaissent ça !

LE SOLDAT, *pincé.*

Même pas ! il fallait qu'elles soient rentrées à vingt-trois heures ; ça
25 donne pas beaucoup de temps pour parler.

LA FEMME, *perdue.*

Vingt-trois heures ?

LE SOLDAT, *méprisant.*

Onze heures du soir.

LA FEMME

Pauv' sapin ; c'est pas drôle la vie d'soldat.

LE SOLDAT, *vexé.*

Sapin ! sapin ! c'est pas pour s'amuser qu'on porte notre tenue de
30 campagne. Le camouflage, c'est pour pas se faire remarquer par la
population.

LA FEMME

Parc'que tu crois qu'on t'voit pas avec tes buterloo [2] et ton gros tuyau
dans les mains. Tu veux rire mon sapin. (*Elle réalise qu'elle l'agace avec
le mot et se reprend.*) … j'veux dire Pierrre… Pierre et… Pierre et quoi ?

LE SOLDAT, *sec.*

35 Pierre Édouard.

LA FEMME

J'ai pas voulu t'choquer mon beau Pierre Édouard ; c'est ma nature,
j'aime à rire… (*Pas de réaction de la part du soldat.*) … si j't'achale,
j'peux p'têt m'en aller ?… p'têt que j'peux t'attirer des ennuis…

---

1. 50 milles : environ 80 kilomètres.
2. Buterloo : bottes imperméables (altération de « bottes à l'eau »).

Le soldat, *haussant les épaules.*

Mais non ! à cette heure-ci il n'y a plus de surveillance, et puis…
40 j'm'ennuie tout seul… à moins que vous vouliez partir ?

La femme

Mais non, mon gros minou ; j'aime ça tailler une petite jasette.

(*Un silence gêné.*)

La femme

Alors… qu'est-ce qui vous a pris d'arriver icitte, en gang, tout
d'un coup ?

Le soldat, *comme une évidence.*

45 Eh bien ! on est venu vous protéger !

La femme, *prise d'un fou rire.*

Me protéger ! eh… wow ! t'exagères… tu crois que j'suis en danger !…
me protéger ! ah celle-là, elle est bonne !

Le soldat, *pompier.*

Eh bien oui ! Il faut protéger la population innocente des terroristes.

La femme, *riant.*

Innocente ! j'pense pas que ç'a quequ'chose à voir avec moi.

Le soldat

50 Faut tout de même sauver la paix et écraser la révolution et la sédition
avant qu'elles ne prennent trop d'ampleur.

La femme, *sérieusement effrayée.*

La révolution ! qu'est-ce qui s'est passé ? j'ai pas lu la gazette[1], j'ai
même pas eu le temps de regarder la télé… y a eu du nouveau depuis
les enlèvements ?… des attaques, des manifestations ?

Le soldat

55 Non, rien.

La femme, *soulagée.*

Ah bon ! mais alors si y a rien, pourquoi que t'es forcé d'rester toute
la nuit icitte, debout.

---

1. Gazette : journal.

LE SOLDAT

Rien, rien, faut s'entendre ; ils ont quand même enlevé un ministre et un diplomate étranger [1].

LA FEMME, *blagueuse.*

60 Moi si y m'enlevaient, y m'amèneraient pas plus loin que le premier coin bien éclairé.

LE SOLDAT, *ignorant l'interruption.*

Plus personne est en sécurité !

LA FEMME

Eh… wow… moi j'fais pas d'la politique. Dis !… ça c'est vrai ! y en a une femme ministre ?

LE SOLDAT

65 Oui.

LA FEMME

Elle, a doit avoir hâte qu'on l'enlève ! surtout que c'est sa dernière chance ; elle doit avoir entre quarante ans et la mort.

LE SOLDAT, *sec.*

C'est pas des histoires à faire des blagues, j'en sais quelque chose, j'ai perdu mon meilleur ami, il y a trois jours.

LA FEMME, *redevenant sérieuse.*

70 Qu'est-ce qu'est arrivé ?

LE SOLDAT

C'est un copain qui était avec moi à Petawawa. On était toujours ensemble, il était canadien-français lui aussi. Il avait toujours les deux pieds pris dans la même bottine, si vous me pardonnez l'expression…

LA FEMME, *interrompant.*

Ah, j'pardonne, j'pardonne.

---

1. En 1970, pendant la crise d'Octobre, une cellule du Front de libération du Québec (FLQ) kidnappe le diplomate britannique James Richard Cross et le ministre du Travail et de la Main-d'œuvre du Québec, Pierre Laporte. James Richard Cross est libéré, mais le corps de Pierre Laporte est retrouvé dans le coffre d'une voiture.

LE SOLDAT, *continuant.*

75 Eh bien, le premier jour, en descendant du camion, il s'est pris les pieds, cette fois-ci, dans la courroie de sa mitraillette et il s'est enfargé, si vous me pardonnez l'expression…

LA FEMME, *interrompant.*

J'pardonne, j'pardonne.

LE SOLDAT, *continuant.*

… s'est enfargé… se sentant tomber, il a resserré l'étreinte sur sa
80 mitraillette et a appuyé sur la gâchette. Le coup est parti… pan' en plein dans le crâne!

LA FEMME, *impressionnée.*

Il est mort?

LE SOLDAT

Bien sûr qu'il est mort. Ça m'a fait de la peine. Un bon garçon… C'était un type bien, il rêvait de devenir capitaine.

LA FEMME

85 Toi aussi tu veux devenir capitaine?

LE SOLDAT

Non, moi je serai colonel.

LA FEMME

Pourquoi pas général?

LE SOLDAT

Non, je préfère colonel… (*Pensant à son ami.*) Pauvre gars!

(*Un silence.*)

LA FEMME

90 J'comprends ce que tu ressens… mon mari est mort dans un accident. Y m'a laissée avec une petite fille de 3 ans. J'ai essayé de gagner ma vie mais j'avais pas assez d'instruction… ça fait que j'ai fait des ménages. À quarante piastres par semaine quand t'en donnes vingt pour faire garder, y t'en reste pas grand-chose. Alors j'suis venue en ville, j'restais
95 à Trois-Rivières. J'ai trouvé une place à faire des sandwiches dans un

grand magasin, un 5-10-15 [1], mais y m'ont sacrée dehors vu que j'parlais pas anglais.

LE SOLDAT

Ça l'anglais, c'est la première chose qu'il faut apprendre ; c'est plus important que de savoir compter.

LA FEMME

100 Alors maintenant j'me débrouille.

LE SOLDAT

Vous avez appris à parler l'anglais.

LA FEMME

Non, pour c'que j'fais, j'en ai pas besoin.

LE SOLDAT, *prétentieux.*

Moi je parle aussi bien l'anglais que le français.

LA FEMME

Ah dis donc ! surtout que tu l'parles ben le français ! même que des
105 fois t'as des mots que j'comprends pas.

LE SOLDAT

Comme quoi ?

LA FEMME

Comme juguler et… sédition… ouais ! Sédition c'est un maudit beau mot !… comment ça se dit en anglais ?

LE SOLDAT, *prenant l'accent.*

« Sedition ».

LA FEMME

110 Ah ! c'est facile ! j'pensais pas qu'c'était si facile l'anglais. Révolution comment ça s'dit ?

LE SOLDAT

« Revolution ».

---

1. 5-10-15 : magasin d'économies dans lequel se trouvait généralement un restaurant.

LA FEMME

Ah! eh! j'pourrais p'têt apprendre. Si j'me donnais un p'tit coup d'cœur, je l'apprendrais et j'pourrais avoir un emploi d'caissière dans
115   un Dominion [1]...et puis le soir j'pourrais rester avec ma p'tite fille.

LE SOLDAT

Il suffit de vouloir.

LA FEMME

Même que si tu restes ici assez longtemps tu pourrais m'apprendre. J'suis sûre que j'apprendrais plus vite avec toi. À moins qu'ces maudits terroristes, y fassent exprès et pis y fassent plus rien et que tu sois
120   obligé d'repartir.

LE SOLDAT

Ça m'a pas l'air que c'est pour demain.

LA FEMME

Ben tant mieux!

(*Silence.*)

LA FEMME

T'es marié?

LE SOLDAT

125   Non.

LA FEMME

Pourquoi?

LE SOLDAT

Dans l'armée on y pense pas; c'est pas une place pour élever une famille.

LA FEMME

Mais quand tu sortiras?

---

1. Dominion: nom d'une chaîne d'épiceries qui n'existe plus.

LE SOLDAT

130 Je retournerai habiter avec ma mère. J'ai toujours été bien chez elle. Et puis de toute façon je ne quitterai pas l'armée, à moins qu'ils me mettent à la porte.

LA FEMME

C'est vrai que tu veux devenir colonel?

LE SOLDAT, *un peu gêné.*

Et puis les femmes… Je ne sais pas… j'aime bien sortir avec les jolies 135 femmes et que tout le monde me regarde… mais après, je suis pas très à mon aise.

LA FEMME

Tu veux dire que tu aimes pas ça?

LE SOLDAT

Si, mais…

LA FEMME

Tu peux pas?

LE SOLDAT

140 Mais si! seulement je ne suis pas très à mon aise.

LA FEMME

Pourtant t'es assez beau.

LE SOLDAT, *flatté.*

Ma mère l'a toujours dit.

(*Un silence.*)

LA FEMME

C'est une belle rue, hein! moi j'aime ça l'soir quand y a personne. Eh!, 145 c'est quoi qu'tu gardes?

LE SOLDAT, *montrant le mur derrière lui.*

Le bureau d'assurance-chômage.

LA FEMME

Ben dis-moi pas qu'ils veulent attaquer ça! Ils disaient qu'ils étaient pour les pauvres.

LE SOLDAT

Avec des criminels, on sait jamais.

LA FEMME

150 C'est vrai ça! Et puis, faut pas croire tout ce que les gens racontent. Il suffit que tu sois un peu connu pour que les gens t'en veulent.

LE SOLDAT

Ça c'est vrai.

LA FEMME

Eh! la femme de Kennedy[1], tout le monde racontait qu'elle avait des centaines d'amants; tout ça c'est des menteries, les gens sont jaloux.

LE SOLDAT

155 Ça c'est vrai.

LA FEMME

Tiens, même le ministre qu'ils ont tué et bien… les gens racontent qu'il avait trois tracteurs à son nom qui travaillent depuis quatre ans à la construction de la Manic[2].

LE SOLDAT

Les gens sont écœurants!

LA FEMME

160 Tu l'as dit! D'abord c'est sûrement pas vrai, un homme qui s'est sacrifié pour nous.

LE SOLDAT

Et pour la démocratie.

LA FEMME

Oui, pour c'que tu dis. Et même si c'était vrai, c'est son affaire; c'est pas une raison de le tuer.

---

1. John Fitzgerald Kennedy (abrégé en JFK), président des États-Unis à partir de 1961, mort assassiné en cours de mandat, en 1963.
2. Manic: barrage hydroélectrique érigé sur la rivière Manicouagan, dans la région de la Côte-Nord.

Le soldat

165 Avec les obsédés et les criminels, y a pas de logique. Si on faisait la même chose avec leurs amis ou leurs parents, ils commenceraient peut-être à comprendre.

La femme

Tu parles, Charles…

(*Silence.*)

Le soldat, *sec.*

170 Pierre Édouard.

La femme

J'l'sais, c'est parc'que ça rime. Tu parles, Charles… ma mère disait ça.

(*Silence.*)

La femme

Y fait doux, j'aime donc ça cette ville, j'connais les rues par cœur… j'aime tellement ça que j'suis contente de m'lever pour la retrouver…
175 j'pense pas que j'pourrais vivre autre part. Eh! un jour j'aurai assez d'argent que j'm'achèterai un p'tit commerce; pas d'boss, j'serais à mon compte, indépendante, personne pour m'achaler… et puis ma fille grandira et puis elle viendra m'aider… et puis c'est pas l'ouvrage qui m'fait peur, j'regarderais les clients bien en face sans avoir honte…
180 maudit qu'ça s'ra l'fun… (*soudain triste*) c'est pas demain la veille… (*Revenant au soldat.*) T'as dû avoir du fun depuis qu't'es arrivé en ville.

Le soldat

Même pas, j'ai pas eu le temps. C'est encore pire qu'à Petawawa.

La femme

Si tu veux, j'peux t'faire un p'tit spécial.

Le soldat

185 Un petit spécial?

La femme

Ben oui, quoi! ça t'coûtera pas cher.

Le soldat

Faire quoi?

La femme

Mais qu'est-ce qui vous ont appris dans l'armée? T'as pas envie d'faire l'amour?

Le soldat, *tombant des nues.*

190 … l'amour! Ah si!

La femme

Eh bien alors?

Le soldat

Avec vous?

La femme

Ben sûr pas avec le pape. J'te tente pas?

Le soldat

Mais si! Au contraire. Mais où?

La femme

195 Ben icitte, y a pas un chat.

Le soldat

Mais si quelqu'un passait?

La femme

Écoute mon minou, j'te force pas. Si tu veux pas on l'oublie.

Le soldat, *agité.*

Mais non! mais non!

(*Il s'agite sur place, maladroit, ne sachant que faire, s'arrête. Ils se* 200 *font face.*)

La femme

Ben alors?

Le soldat

Qu'est-ce que j'fais?

LA FEMME

D'abord tu m'donnes un cinq.

LE SOLDAT

Un cinq?

LA FEMME

205 Oui cinq piasses… (*Il ne bouge pas.*) … Tu trouves ça trop cher?

LE SOLDAT, *fouillant dans ses poches,*
tout emmêlé dans son fusil.

Mais non! mais non!

LA FEMME, *riant de son agitation.*

Un billet bleu avec la face d'la Reine et moi j'te donne le cul d'une reine en échange.

LE SOLDAT, *lui donnant le billet.*

Voilà!

LA FEMME

210 J'te demande un peu, qu'est-ce qu'elle a de plus que moi.
(*Elle fait disparaître l'argent. Elle le regarde tendant les bras avec sa mitraillette à la main.*)

LA FEMME

Ben tu vas pas faire ça avec ta mitraillette!

LE SOLDAT, *empêtré.*

Mais qu'est-ce que j'en fais?

LA FEMME

215 Ben tu l'poses contre l'mur.

LE SOLDAT

Mais j'ai pas le droit.

LA FEMME

Ah pis tu commences à m'ennuyer. (*Elle fait mine de partir.*) Salut!

LE SOLDAT

Non! reste… (*Il pose sa mitraillette.*) Tiens!

(*Elle va s'adosser au mur et l'approche d'elle. Le soldat avec des gestes*
220 *maladroits et hésitants lui passe les mains sous la jupe.*)

LA FEMME

C'est pas la peine j'ai pas d'culottes, j'suis pratique moi !

(*Le soldat s'affaire à se déboutonner, il y parvient. On sent qu'il cherche*
à la pénétrer, alors qu'elle regarde en l'air, indifférente.)

LA FEMME

Ben quoi ? tu peux pas ?

LE SOLDAT

225 C'est… c'est l'émotion.

LA FEMME

Un guerrier impotent, c'est pas ma journée… attends j'vais t'aider.
(*Elle s'affaire.*)

LA FEMME

Ben voilà, tu vois !

(*Ils commencent à faire l'amour.*)

LA FEMME, *criant.*

230 Eh !

LE SOLDAT

Quoi ?

LA FEMME

Tu vas pas faire ça avec ton casque.

LE SOLDAT

Quoi mon casque ?

LA FEMME

Écoute ben mon Pierre Édouard, nous les Québécoises on est habi-
235 tuées de s'faire fourrer, mais on aime qu'on y mette des manières.

(*Le soldat enlève son casque. Ils reprennent.*)

LA FEMME

T'aime ça?

LE SOLDAT

Christ! oui!

LA FEMME

Pourtant on peut pas dire que t'as la manière; on dirait un camion
240 d'la Brinks[1] qui fonce dans un champ d'porcelaine.

(*Ils continuent.*)

LA FEMME

Tu vois pour ça on a pas besoin d'l'anglais. Remarque c'est tout
c'qu'on peut faire si on l'parle pas: s'faire fourrer. (*Les yeux ailleurs.*)
Un jour, j'l'aurai mon commerce et puis ma p'tite fille, elle passera pas
245 par où j'suis passée.

(*Ils se séparent. Le soldat se reboutonne. Elle baisse sa jupe.*)

LA FEMME

T'as fini?

LE SOLDAT

Ouais.

(*Il remet son casque. Elle va chercher sa mitraillette, la ramasse. On
250 entend des coups de feu, elle s'écroule.*)

LE SOLDAT, *affolé.*

Stop! Who fired?

UNE VOIX, *des coulisses.*

She had a gun! Did I get her?

LE SOLDAT

Yes, you did.
(*Il se penche sur la femme et prend le cinq dollars qu'elle avait mis dans
255 son corsage.*)

---

1. Brinks: entreprise spécialisée dans le transport de l'argent.

LA VOIX

Anyway she was an F.L.Q.: deep down they're all F.L.Q.'s, those bastards! There is only two solutions with them: either you fuck them or you kill them.

LE SOLDAT

Well, we did both [1].

260 (*Le soldat se retourne vers le mur et se met à vomir.*)

FIN DE LA PIÈCE.

Le frein de la censure

Dix ans après le scandale des *Belles-sœurs,* une autre bombe ébranle le milieu du théâtre québécois: la création de la pièce *Les fées ont soif* de Denise Boucher, prévue à la programmation du Théâtre du Nouveau Monde (TNM) pour l'automne 1978. Dès le mois de juin, le Conseil des arts de la région métropolitaine retire la subvention accordée au TNM, jugeant le propos de la pièce inconvenant, voire vulgaire [2]. Le directeur du théâtre, Jean-Louis Roux, ainsi que l'auteure de l'œuvre dénoncent la situation qu'ils considèrent comme de la censure pure et simple. Ils sont rapidement soutenus par le milieu artistique [3], de même que par de simples citoyens qui envoient des lettres aux journaux. L'Institut international du théâtre, organisme relevant de l'UNESCO, apporte aussi son appui officiel. Le débat occupe la place publique pendant quelques mois, le TNM décidant d'aller de l'avant et de présenter la pièce malgré le retrait de la subvention.

---

1. Traduction libre: LE SOLDAT: Stop! Qui a tiré? / UNE VOIX: Elle était armée! Je l'ai touchée? / LE SOLDAT: Oui. / LA VOIX: De toute façon, c'était une FLQ. Dans le fin fond, ce sont tous des FLQ, ces écœurants! Il n'y a que deux solutions: tu les fourres ou tu les tues. / LE SOLDAT: On a fait les deux.

2. Le président du Conseil, le juge Jacques Vadeboncœur, qualifie la pièce de « merde » et de « cochonnerie ».

3. Les artistes associés à la production donnent bien sûr leur appui, mais d'autres compagnies de théâtre se montrent solidaires en refusant leurs propres subventions du Conseil des arts de la région métropolitaine.

AFFICHE RÉALISÉE POUR LA CRÉATION DES *FÉES ONT SOIF*
DE DENISE BOUCHER.

THÉÂTRE DU NOUVEAU MONDE, 1978-1979.

Le 10 novembre 1978 a lieu le première au TNM ; la salle est comble et le public applaudit à tout rompre. Le succès éclate dans la salle, tandis que le scandale se poursuit hors les murs. Le 25 novembre, une manifestation est organisée devant les portes du théâtre, sur l'initiative des Jeunes Canadiens pour une civilisation chrétienne[1]. Ce groupe ultraconservateur offre des prières et des chants afin de restituer l'image de la Vierge Marie, selon eux souillée dans la pièce de Denise Boucher. Alors que le théâtre se veut miroir du réel, pour dénoncer une situation jugée opprimante, la réalité se donne en spectacle. L'affaire est même portée devant les tribunaux, les Jeunes Canadiens pour une civilisation chrétienne faisant appel à un avocat pour tenter de faire interrompre les représentations, mais en vain : la juge Gabrielle Côté a rejeté la cause en janvier 1979. L'archevêque de Montréal intervient même dans le débat en faisant une déclaration publique au sujet de la pièce, qui est reprise dans les journaux.

Texte de la déclaration faite par Mgr Grégoire[2]

Des femmes et des hommes de tous âges et de toutes conditions éprouvent présentement une gêne, une souffrance même, devant la présentation d'une pièce de théâtre qui les atteint dans leur dignité de personnes et dans leur foi religieuse. Ils sont blessés par
5   des propos et des tableaux qui heurtent profondément leur conscience humaine et chrétienne. Assuré d'être bien informé, grâce aux appréciations qui me parviennent de la part de membres du Conseil diocésain de pastorale et d'autres personnes tout à fait dignes de confiance, je veux m'adresser ici à ceux et à celles que
10   cette pièce offense et leur dire la part que je prends à leur tristesse, à leur déception ou à leur indignation.

Au témoignage de personnes consultées, il est pénible de constater que, sous prétexte de soutenir la cause de la promotion de la femme, on ait recours à des procédés qui misent sur la vulga-
15   rité, le mépris et la dérision en présentant une pièce où l'on aborde un thème religieux sans le moindre égard pour la croyance des

---

1. Les Jeunes Canadiens pour une civilisation chrétienne sont rattachés à un regroupement mondial originaire du Brésil qui défend les valeurs de la famille, de la propriété et de la religion.
2. *Le Devoir*, 29 novembre 1978.

gens. Il est particulièrement pénible pour des chrétiens de constater que l'on donne une présentation loufoque de la Vierge, dont on fait un pantin, une invention de la domination masculine, une fiction responsable de l'aliénation des femmes. Il y a bien autre chose ici qu'une entreprise visant à éliminer un stéréotype de la Vierge qui la présenterait sous des traits désincarnés. Il y a, plus radicalement, une négation du personnage historique de Marie, une parodie d'un culte que des siècles de foi ont élaboré, à partir de l'Orient mystique jusqu'à nos jours. Il y a une moquerie, qui devient cynique et intolérable, de l'action de l'Esprit dans le monde. Il y a enfin une volonté de nier toute valeur à la virginité et de saper tout fondement spirituel à l'existence humaine.

Les catholiques veulent respecter le droit des autres à leurs croyances. Mais ils gardent le droit de ne pas accepter les affronts et celui de protester, au nom de l'élémentaire respect dû à la culture humaine et religieuse de notre société, contre le mépris et le ridicule dont on voudrait la couvrir.

[...]

À tous ceux et à toutes celles qui, devant la présentation de ce spectacle, se sentent blessés dans leur dignité et dans leur foi, je veux donc dire que je participe à leur peine ou à leur irritation.

Je veux les inviter, en ces circonstances, à approfondir leurs convictions touchant la dignité de la femme et le rôle magnifique que Dieu lui a confié dans le monde. Seul le respect exigeant qu'on aura de la femme dans son être total, corps et âme, cœur et esprit, sera source, pour elle, de véritable libération.

[...]

Les fées ont soif ne sont pas la première œuvre québécoise à subir la censure. La littérature québécoise déborde d'exemples de textes condamnés et mis à l'Index[1]. On peut penser notamment à certains romans qui allaient à l'encontre de l'idéologie de conservation propre

---

1. L'Index est le répertoire des livres défendus par l'Église, dont l'autorité se trouvait à Rome. Il a été aboli au Québec en 1966.

à la littérature du terroir au début du XXe siècle[1], mais aussi au célèbre *Refus global*, en 1948, qui a entraîné la mise à pied de son auteur, Paul-Émile Borduas, alors professeur de dessin à l'École du meuble. Par ailleurs, en 1972, la ministre des Affaires culturelles, Claire Kirkland-Casgrain, avait refusé une subvention à la troupe du Théâtre du Rideau Vert qui devait aller présenter *Les Belles-sœurs* de Michel Tremblay en France. Interdiction complète ou frein à la diffusion, la censure prend des formes parfois insidieuses et tue le génie de certains artistes. Claude Gauvreau, un écrivain québécois décédé en 1971, en fait état dans l'une de ses pièces de théâtre, *Les oranges sont vertes*, écrite dans les années 1960 et créée à la scène en 1972. Le ton poétique de Gauvreau est original et rien de semblable n'avait été entendu sur les scènes du théâtre québécois auparavant. L'auteur a inventé un véritable langage, l'exploréen, avec lequel il exploite les possibilités sans limites des sonorités de la langue parlée. Allitérations et onomatopées se mêlent au discours tenu par certains personnages.

Claude GAUVREAU
(1925-1971)

Les oranges sont vertes
(1972)

YVIRNIG

La censure ? La censure ? La censure, c'est la gargouille qui vomit hideusement son plomb liquide sur la chair vive de la poésie ! La censure, c'est l'acéphale aux mille bras aveugles qui abat comme un sacrifice sans défense chaque érection de sensibilité délicate au moyen de
5 ses moulinets vandales ! La censure, c'est l'apothéose de la bêtise ! La censure, c'est le rasoir gigantesque rasant au niveau du médiocre toute tête qui dépasse ! La censure, c'est la camisole de force imposée au vital ! La censure, c'est la défiguration imprégnée sur la grâce par un sourcil froncé saugrenu ! La censure, c'est le saccage du rythme !

---

1. *Marie Calumet* (1904) de Rodolphe Girard, *La Scouine* (1918) d'Albert Laberge et *Les Demi-civilisés* (1934) de Jean-Charles Harvey.

LES ORANGES SONT VERTES DE CLAUDE GAUVREAU.

THÉÂTRE DU NOUVEAU MONDE, 1971-1972.
MISE EN SCÈNE DE JEAN-PIERRE RONFARD.

10 La censure, c'est le crime à l'état pur! La censure, c'est l'enfoncement
du cerveau dans un moulin à viande dont il surgit effilochement! La
censure, c'est la castration de tout ce qu'il y a de viril! La censure, c'est
la chasse obtuse à la fantaisie et à l'audace illuminatrice! La censure,
c'est la ceinture de chasteté appliquée à tout con florissant! La cen-
15 sure, c'est l'interdiction de la joie à poivre! La censure, c'est le morose
enduisant tout! La censure, c'est l'abdication du rare et du fin! La
censure, c'est la maculation et le hachage en persil de l'unique toujours gaillard! La censure, c'est l'abdication de la liberté! La censure,
c'est le règne ignorantiste du totalitarisme intolérant envers tout objet
20 qui n'est pas monstruosité rétractile! La censure, c'est l'injure homi-
cide à la loyauté des sens! La censure, c'est le pet par-dessus l'encens!
La censure, c'est l'éteignement de l'esprit! Où il y a censure, serait-elle
la plus bénigne du monde, il n'y a plus qu'avortement généralisé. La
censure, c'est la barbarie arrogante. La censure, c'est le broiement du
25 cœur palpitant dans un gros étau brutal! Oui, mille fois oui, la censure, c'est la négation de la pensée!

Des fées vues comme des sorcières

Denise Boucher est l'une des nombreuses voix féminines qui s'élè-
vent au milieu du tumulte marquant le Québec des années 1970. Les
femmes luttent pour obtenir plus de droits et une plus grande liberté
depuis le début du XXe siècle, mais leur cause progresse à pas de
tortue. Toutefois, avec les changements sociaux qui s'opèrent dans la
mouvance de la Révolution tranquille, les choses semblent s'accélérer.
Incarné, prenant d'assaut la place publique, voix vivante et immédiate, le théâtre devient un véhicule privilégié pour faire entendre les
revendications féministes. Des spectacles exposant les problèmes
associés à la condition des femmes occupent la scène: *Un jour, mon
prince viendra* présenté par Le Grand Cirque ordinaire (1974), *Nous
aurons les enfants que nous voudrons* (1974) et *Moman travaille pas, a
trop d'ouvrage* (1975) par le Théâtre des Cuisines, puis *La Nef des sor-
cières,* collectif joué au TNM (1976).

Née en 1935 à Victoriaville, Denise Boucher, renommée pour sa
production poétique, est aussi connue pour sa pièce *Les fées ont soif.*

Au moment de la création de la pièce, elle avait déjà fait paraître quelques œuvres dont *Retailles* (1977), un essai écrit en collaboration avec Madeleine Gagnon. Elles y abordaient déjà sous forme poétique la question de l'oppression subie par les femmes, la prise de parole passant nécessairement par l'écriture. Pourquoi l'écriture? Pour elles, comme pour plusieurs autres écrivaines à l'époque, la création et l'écriture permettent de se poser comme sujet et non plus comme objet. C'est en disant *je* ou, mieux encore, *nous* que les femmes pourront définir leur identité et redéfinir leur rapport à l'autre.

La deuxième moitié des années 1970 est donc importante du point de vue d'une prise de parole proprement féminine, voire féministe, dans le théâtre québécois. Les femmes qui montent sur scène parlent de leur condition : elles revendiquent une plus grande liberté sexuelle et le libre choix d'avoir des enfants ou non; elles réclament une reconnaissance ou, du moins, un meilleur partage du travail ménager; elles désirent montrer qu'elles ont un pouvoir créatif puissant et distinct de celui des hommes. Elles veulent briser le moule dans lequel elles se sentent enfermées afin d'exister en tant qu'individus à part entière. Là réside le propos de la pièce de Denise Boucher. En mettant en scène trois personnages, la mère, la vierge et la putain, *Les fées ont soif* font une véritable déconstruction des mythes forgés autour des rôles attribués à la femme depuis des siècles. On y pose la question fondamentale de l'identité : les personnages de la pièce se demandent qui elles sont une fois le masque de la tradition tombé.

Marie, Madeleine et la statue, les trois « fées » de la pièce, décident de briser le silence parce qu'elles en ont assez de l'oppression dont elles sont victimes. Marie est une mère surmenée qui prend des pilules pour calmer sa soi-disant hystérie; Madeleine, une prostituée, boit pour oublier que son corps est une marchandise qui ne lui appartient plus; la statue piaffe d'impatience pour qu'on la descende enfin de son piédestal. Confinée chacune à son espace, elles tentent de faire tomber les murs qui les emprisonnent par un appel à l'autre, s'adressant tant aux hommes qu'aux femmes. L'appel qu'elles lancent est celui du dialogue, et voilà sans doute l'une des réussites de la pièce : malgré certaines accusations faites aux hommes, son discours se termine sur une note d'espoir, permettant d'imaginer l'avenir ensemble.

Cette fin ouvrait la porte à des débats à la suite des représentations. En effet, les spectateurs étaient invités à rester dans la salle une fois le rideau tombé afin de participer à une discussion. Plusieurs hommes et femmes ont ainsi pris la parole publiquement, dans un sain échange d'idées et de revendications.

Denise BOUCHER
(née en 1935)

Les fées ont soif
(1978)

MADELEINE
À l'école de redressement, elles m'avaient dit : « Madeleine, fais une femme de toi. » Je n'ai jamais su ce que ça voulait dire. (*Silence.*) Je suis le fleuve brun des grandes débâcles. Du café séché au fond d'une tasse que personne n'a jamais lavée. Je suis un trou. Je suis un grand
5 trou. Un grand trou où ils engouffrent leurs argents. Un grand trou enfermé dans un rond enfermé dans un cercle qui me serre la tête. J'ai pas les yeux en face du trou. Il y a des jours où je voudrais croire à l'amour. Avant de me laisser partir dans le monde, à l'école de redressement, ils ont décidé de me faire soigner. Le p'tit chiatre (*prononcer :*
10 *chi*), il voulait coucher avec moi. J'trouvais ça drôle d'ailleurs pour un voyeur. Ben, j'lui ai dit : pour toi, mon tarla, ça s'ra mille piasses. D'la *shot*. Y a trouvé que j'étais grave. Y a dit que j'étais irrécupérable. Pis, y a plus voulu me voir. C'est ainsi que je suis devenue fille de joie.

LA STATUE
La joie de qui ?

MADELEINE
15 Il y a des jours où il y a quelque chose en moi qui voudrait croire à l'amour.

LA STATUE, *en chantant.*
Un jour, mon prince viendra.

LES FÉES ONT SOIF DE DENISE BOUCHER.

THÉÂTRE DU NOUVEAU MONDE, 1978-1979.
MISE EN SCÈNE DE JEAN-LUC BASTIEN.

MARIE

À douze ans, qu'est-ce que je voulais? L'adolescence est une maladie.
Mieux vaut ne pas s'en souvenir. Moins j'aurai de désirs, plus je serai
20 une adulte. Ne craignez rien. Je crois que je n'ai plus *aucun désir*. Que
ceux que vous me donnez. Dans les découvertes, ce qui m'intéresse, ce
sont les nouveaux savons qui rendent le linge encore plus blanc, plus
propre. Du savon à vaisselle qui garde les mains douces. Comme si
vous ne la faisiez pas. Qu'est-ce que je demanderais de plus à la vie?
25 (*Silence.*) Et des maris, il y en a des pires que le mien. Et à quoi ça sert
un mari?

MARIE, *en chantant dans son lieu neutre.*

MON PÈRE M'A DONNÉ UN MARI

Mon père m'a donné un mari
Boum badiboum boum barbarie
30 *Il me l'a donné si petit*
Spiritum sanctum eliminum boum ba
Zim boum barbarie

Que dans mon lit je le perdis
Boum badiboum boum barbarie
35 *Oh, chat! oh, chat! c'est mon mari*
Spiritum sanctum eliminum boum ba
Zim boum barbarie

MADELEINE

Moi, j'suis pas une fille à ramasser des souvenirs. Les boîtes de portraits[1] et de lettres d'amour attachées avec un p'tit ruban rose.
40 (*Silence.*) Pour ce que j'en ai reçu d'ailleurs! (*Silence.*) Mais j'n'ai eu
quand même quelques-unes: «À toi pour toujours, si tu voulais...»
(*Silence.*) Mais, il y a deux affaires que j'ai conservées. Ma première
poupée en guenilles. J'l'appelais comme moi. J'l'appelais Madeleine.
Ma belle p'tite Mad'leine. J'ai gardé aussi la première paire de draps

---

1. Portraits: photographies.

45 où je me suis fait payer pour rentrer d'dans. C'te journée-là, j'ai
débaptisé ma poupée et j'l'ai serrée dans une boîte. Pis dans une autre
boîte, j'ai mis de côté ces draps-là. Pleins d'mazout. J'les ai gardés
pour les rendre. Pour les r'donner à c'te gars-là. J'me dis qu'un jour
j'vas le r'voir pis que j'vas y r'mettre. Puisqu'y a payé pour. Ça lui
50 appartient ces maudits draps-là. J'suis sûre que j'vas le r'voir. M'as y
r'mettre. J'voudrais ben voir la tête qu'i va faire.

[…]

MADELEINE

Mettons que j'aurais les longues cuisses des nymphes. Disons que
j'aurais jamais mes règles rouges.

MARIE

Supposons que je ferais des bébés à volonté. Disons que je serais une
55 épouse d'abandon.

LA STATUE

Mettons que j'aurais l'air d'une sœur. Disons que je serais une parfaite
camarade. Supposons que je ne sentirais jamais aucune révolte.
Disons que j'aurais jamais envie d'être grossière.

LES TROIS ENSEMBLE

Mettons que je ne serais pas un casse-tête.

MADELEINE

60 Disons que la plus soumise de tout' ça serait moi.

MARIE

Mettons que je brillerais comme une Sainte Vierge.

MADELEINE

Disons que je deviendrais ton meilleur matelas.

LES TROIS, *en chantant.*

Disons que
Mettons que
65 *Disons donc*
Supposons.

MARIE

Penses-tu que j'aurais de la chance ?

MADELEINE

Penses-tu que j'aurais de la chance ?

LA STATUE

Penses-tu que j'aurais de la chance ?

LES TROIS, *en chantant.*

70 *Disons que*
Mettons que
Disons donc
Supposons.

MARIE

Penses-tu que le docteur me donnerait mon congé ?

MADELEINE

75 Penses-tu que le docteur me donnerait mon congé ?

LA STATUE

Penses-tu que le docteur me donnerait mon congé ?

(*Chacune retourne dans son lieu.*)

MADELEINE

Y disent tout' que té folle.

MARIE

Y disent tout' que chus folle. Chus pas une folle. Non chus pas une
80 folle. Çartain que chus pas une folle. Pas une folle. Chus pas une folle.
Çartain. Çartain que chus pas une folle. Bon Dieu, chus pas folle.
Chus pas folle. Chus pas rien qu'une folle. Y vont voir que chus pas
rien qu'une folle.

LA STATUE

Y disent tout' que chus une sainte. Chus pas une sainte. Non chus pas
85 une sainte. Çartain que chus pas une sainte. Pas une sainte. Chus
pas une sainte. Çartain. Çartain que chus pas sainte. Bon Dieu, chus pas
une sainte. Chus pas sainte. Chus pas rien qu'une sainte. Y vont voir
que chus pas rien qu'une sainte.

MADELEINE

Y disent tout' que chus hystérique. Chus pas hystérique. Non chus pas
90 hystérique. Çartain que chus pas hystérique. Pas une hystérique. Chus
pas une hystérique. Çartain. Çartain. Çartain que chus pas hystérique.
Bon Dieu, chus pas hystérique. Chus pas hystérique. Chus pas rien
qu'une hystérique. Y vont voir que chus pas rien qu'une hystérique.

MARIE

Mais j'ai peur.

95 (*Lentement elle se dirige vers le lieu neutre où Marie et la statue
la rejoignent.*)

LA STATUE, *sur un air de comptine.*

Peur.

MARIE

Peur d'être folle.

MADELEINE

Peur d'être seule.

MARIE

100 Peur d'être laide.

MADELEINE

Peur d'être trop grosse.

LA STATUE

Peur de trop en savoir.

MARIE

Peur de me toucher.

MADELEINE

Peur de trop rire.

MARIE

105 Peur de pleurer.

LA STATUE

Peur de parler.

MARIE

Peur de faire rire de moi.

MADELEINE

Peur d'être une salope.

MARIE

Peur d'être frigide.

MADELEINE

110 Peur de jouir.

MARIE

Peur de pas jouir.

MADELEINE

Peur d'être libre.

MARIE

Peur de lui.

LA STATUE

Peur des souris.

LA STATUE

115 Peur.

MARIE

Frayeur.

MADELEINE

Effroi.

LA STATUE

Épouvante.

MARIE

Parlons, parlons. Parlons. Paroles. Hymnes. Chants. Danses. Rires.
120 Larmes. Tirons sur les murs du silence.

LA STATUE

Ouvrir les battants des mots. Mal par mal. Culpabilité par culpabilité.
Peur par peur.

LES FÉES ONT SOIF DE DENISE BOUCHER.

THÉÂTRE DU NOUVEAU MONDE, 1978-1979.
MISE EN SCÈNE DE JEAN-LUC BASTIEN.

MADELEINE

Peur. Terreur. Frayeur. Effroi. Épouvante. Panique.

MARIE

La peur panique. S'enfle. Se glisse entre tous nos os.

LA STATUE

125 Ne m'affolez plus.

(*La statue retourne dans son lieu. Marie et Madeleine viennent à l'avant.*)

MARIE

Ne me troublez plus !

MADELEINE

Dérange-moé pu !

MARIE ET MADELEINE, *elles se jettent à genoux face au public.*
130 Oh, grand-maman, comme vous avez une grande bouche !

LA STATUE, *avec une grosse voix en rire de père Noël.*
Oh ! Oh ! Oh ! C'est pour mieux vous manger, mes enfants !

MARIE ET MADELEINE

Maman, j'ai peur.
(*Elles se relèvent.*)

[...]

MADELEINE

Imagine.

MARIE

135 Imagine.

MADELEINE

La bastringue [1] va commencer.

MARIE

Imagine.

---

1. Bastringue : danse populaire.

LA STATUE
Imagine.

MADELEINE
Il n'y a pas de recettes pour celles qui cherchent ce que personne n'a
140 jamais vu.

LA STATUE
Toutes les vagues de toutes les folies agitent nos peaux.

MADELEINE, *en chantant.*
Take my hand, I'm a stranger in paradise[1].

MARIE
Quel est ce vieux rêve de toutes les créatures de vouloir être pour
au moins une personne au monde la personne la plus importante
145 du monde ?

MADELEINE
Je ne sais pas. Je ne sais pas ce que c'est que l'amour. Je ne sais pas ce
qu'est que la dignité. Mais je connais tout du mépris.

LA STATUE
Avant de te parler, j'ai jasé avec les arbres, les nuages, la lune, mes
plantes. Et avec ma chatte. Je me suis préparée. Alors, ouvre les oreilles !

MARIE
150 Parce que tu ne me diras plus en quelle manière ni en quel style les
femmes battues, les femmes déchirées, les femmes enfermées,
les femmes prostituées vont tout faire sauter.

MADELEINE
Tu ne me diras pas comment raidissent les artères. Tu ne me diras pas
comment blanchissent les grands-mères. Tu ne me diras pas com-
155 ment s'appauvrit le sensuel. Tu ne me diras pas comment se réchauffe
la raison.

---

1. Chanson des années 1950 interprétée par l'Américain Tony Bennett.

LA STATUE

Tu ne m'expliqueras plus comment doit jouir mon corps. Tu ne me
compteras plus par morceaux. Tu ne nommeras plus mes orgasmes à
ton nom. Tu ne me dicteras plus aucun devoir.

MADELEINE

160 Tu ne me diras plus comment se gèle la jeunesse. Tu ne me diras
plus comment fleurissent les lilas. Tu ne me diras plus comment
rougissent les pivoines. Tu ne me diras plus comment se rouillent
les rivières.

MARIE

Tu ne me diras plus.

LA STATUE

165 Tu ne me diras plus.

MADELEINE

Tu ne me donneras plus jamais ni la note ni la mesure.

MARIE

Et garde tes conseils pour toi. Et réfléchis.

LA STATUE

Et ouvre encore tes oreilles. Et pèse chacun de tes mots.

MADELEINE

Je t'attendrai quelque part. Là où les cœurs gravent leurs noms.

LA STATUE

170 Je me plante au milieu du chemin. Je suis la rivière répandue.

MARIE

J'en appelle à vous, chevaliers moroses, qui avez fait vœu de masculi-
nité. Je vous invite à déserter vos hystériques virilités. Déserteurs
demandés. Iconoclastes demandés.

MADELEINE

Sinon, qui me tiendra pour femme, à part les femmes ?

LA STATUE

175 J'en appelle à moi. Parce que le temps des victimes est terminé…

MARIE

Il n'y a eu depuis le début du monde…

LA STATUE

Qu'un seul interdit.

MADELEINE

Qu'un seul interdit.

MARIE

Les amoureux.

MADELEINE

180 Les amoureux.

LA STATUE

D'où me voici devant toi
prête à aimer
d'où me voici charnelle
et pleine de têtes
185 je suis des sept jours de la semaine d'où
me voici debout
et vivante devant toi
pour rompre toutes les iniquités
je suis étendue sur ton tronc comme on
190 jouit dans le bien de sa peau
j'inscris chacun de mes signes sur toi
je ne serai plus jamais nulle part en toi en
exil de moi
parce que la chair de l'enfant m'érotise et
195 me flambe seins et cuisses
d'où me voici debout devant toi
ne me pornographise plus quand tu
trembles devant ta propre naissance.

MADELEINE

Je ne serai plus jamais nulle part en toi en
200 exil de moi
me voici debout devant toi
riant au milieu de moi.

LA STATUE

Imagine.

MARIE

La chair de l'enfant m'érotise
205 et me flambe seins et cuisses
d'où me voici debout devant toi
ne me pornographise plus
quand tu trembles devant ta propre
naissance.

LA STATUE

210 Nous voici devant toi debout, nouvelles.
Imagine.

MARIE

Imagine que je suis une bien bonne vivante.

MADELEINE

Imagine que je ferais une bien mauvaise mourante.

LA STATUE

Imagine que je suis vivante.

MARIE

215 Imagine.

MADELEINE

Imagine.

LA STATUE

Imagine.

Match de la Ligue nationale d'improvisation, 2007.

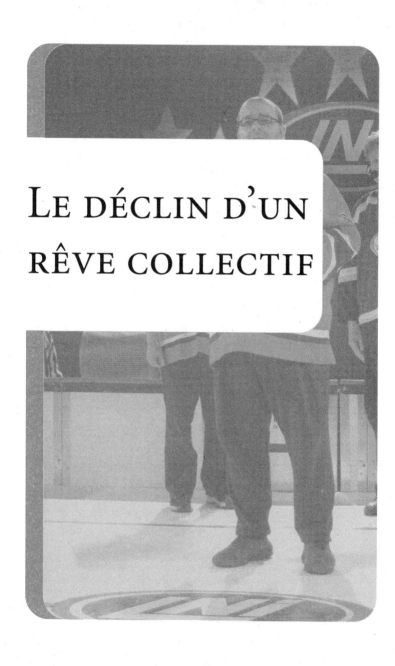

LE DÉCLIN D'UN RÊVE COLLECTIF

LE DÉCLIN D'UN RÊVE COLLECTIF
Un changement de valeurs

Après avoir passé des années à rêver d'un pays, après avoir porté au pouvoir le Parti québécois et René Lévesque en 1976, plusieurs voient encore dans la souveraineté le but ultime à atteindre. L'échec référendaire de 1980 [1] met fin, du moins temporairement [2], à ce rêve d'un pays, laissant la place à la désillusion et à un sentiment de vide. Plusieurs écrivains et dramaturges à qui les thèmes de la nation, de l'identité, de la culture et de la langue québécoises étaient chers entrent dans une phase de mutisme. L'écriture se tourne vers des préoccupations de nature personnelle, des angoisses individuelles. La collectivité, qui ne poursuit plus un objectif commun, se replie sur elle-même.

Les années 1980 sont aussi celles où la classe moyenne embrasse pleinement les valeurs liées au capitalisme et à la poursuite du rêve américain. L'accès à la propriété et au crédit est facilité, les banlieues continuent de se développer et la consommation de biens s'accentue. Les grandes idées de partage, de bien commun associées à des mouvements rassembleurs des années 1970 comme le *peace and love* et le communisme sont désormais remplacées par la valorisation de la réussite personnelle et de l'individualisme.

LE RIRE À LA SCÈNE

Les préoccupations quotidiennes et individuelles de la classe moyenne servent d'inspiration à de nombreux humoristes. Claude Meunier, dès 1973, fait partie des Frères Brothers, qui donneront naissance au trio comique Paul et Paul, ancêtres de Ding et Dong. Ce célèbre duo, composé de Claude Meunier et Serge Thériault, anime les fameux « Lundis des Ha! Ha! », soirées présentées au Club Soda

---

1. Résultat du vote — Non : 59,56 % ; Oui : 40,44 % ; taux de participation : environ 85 %.
2. Tout de suite après l'annonce des résultats, René Lévesque déclare : « Si je vous comprends bien, ce que vous êtes en train de me dire, c'est : à la prochaine fois ! » Un second référendum a eu lieu en 1995, dont le résultat fut encore plus serré — Non : 50,6 % ; Oui : 49,4 % ; avec un taux de participation de 93,2 %, le plus haut de toute l'histoire du Québec.

qui serviront de tremplin à la carrière de plusieurs humoristes. En 1990, dans *Ding et Dong, le film,* les deux compères essaient, sans succès, de gagner leur vie comme humoristes et se placent dans toutes sortes de situations absurdes. En 1993, Meunier connaît un triomphe avec l'émission-culte *La Petite Vie* [1], une satire de la société québécoise qui met en scène un couple dans la cinquantaine, Ti-Mé (Popa) et Jacqueline (Moman), et ses enfants. Parallèlement à sa carrière d'humoriste, Meunier coécrit, avec Louis Saia, les pièces *Appelez-moi Stéphane* (1979) et *Les Voisins* (1980) et fait partie du collectif qui signe *Broue* [2], la pièce la plus représentée au Québec. Montée pour la première fois en mars 1979, cette comédie met en scène une vingtaine d'hommes — joués par seulement trois interprètes — qui défilent dans une taverne. Elle est inscrite dans les *Guinness World Records* comme la pièce présentée le plus longtemps par la même distribution, soit plus de 25 ans.

En 1980, Claude Meunier et Louis Saia se moquent de l'univers de la banlieue dans *Les Voisins.* Un après-midi, des banlieusards qui ont réussi dans la vie, si l'on en juge par leur lieu de résidence, se rencontrent. Leurs discussions vides de sens témoignent de leur incommunicabilité chronique. Dans la société de consommation où priment la possession et l'uniformité, les humains n'arrivent pas à communiquer véritablement et ne parlent que pour se prouver qu'ils existent. Malgré leur flot de paroles, les personnages sont incapables de briser l'isolement et la solitude dont ils sont victimes. Le lien qui les unit ne tient qu'au voisinage. La proximité les force à faire semblant d'échanger, à faire semblant d'être des amis. La comédie de Meunier et Saia fait rigoler, mais le spectateur rit jaune, parce qu'il se retrouve dans ces personnages, parce que le vide de leur existence est déconcertant, parce que le malaise qui les habite tous est troublant. La pièce a fait l'objet d'une adaptation pour la télévision en 1987 [3].

---

1. Louis Saia a participé à l'écriture des 26 premiers épisodes. Certains épisodes ont été regardés par plus de quatre millions de téléspectateurs, un record d'auditoire pour la télévision québécoise.
2. Les auteurs de *Broue* sont Michel Côté, Marcel Gauthier, Marc Messier, Claude Meunier, Jean-Pierre Plante, Francine Ruel et Louis Saia.
3. *Les Voisins,* texte : Claude Meunier et Louis Saia, réalisation : Micheline Guertin, production : Télé-Québec, Canada, 1987, 97 min.

Claude MEUNIER (né en 1951)
et Louis SAIA (né en 1950)

Les Voisins
(1980)

DANS LA CUISINE CHEZ BERNARD ET JEANINE

(Jeanine et Bernard sont dans la cuisine. Bernard lit son journal. Jeanine prépare des petits sandwichs.)

BERNARD

Eh cataracte![1] As-tu vu ça môman? Ç'a l'air qu'i' ont tué la
5 « Marraine » de Miami.

JEANINE

La marraine de qui?

BERNARD

La femme du « Parrain ». C'est écœurant, a même reçu deux balles
dans sa sacoche.

JEANINE

Pauvre elle. I' l'ont pas manquée…

BERNARD

10 Ça c't'à part des treize balles qui 'i ont tirées dans' tête… sont pas
chanceux en plus, ç'a l'air que c'est même pas elle qu'i' visaient.

JEANINE

Était-tu jolie?

BERNARD

Ben là de même, c'est dur à voir. Ça fait jamais bien à personne treize
balles dans' tête.

JEANINE

15 A va s'en rappeler en tout cas.

---

1. Eh cataracte!: juron inventé.

BERNARD

Un gars oublie pas ça…

(*Temps.*)

JEANINE

Sais-tu qui c'est que j'pense que j'ai vu au centre d'achats?

BERNARD, *absorbé dans son journal.*

J'sais pas.

JEANINE

20 Le fils de Thérèse Jacob.

BERNARD

Qu'est-cé qui fait de bon?

JEANINE

Voyons donc, i' a juste seize ans.

BERNARD

Eh ben!

JEANINE

J'te dis j'l'ai pas reconnu. (*Emphatique.*) I' ressemble à sa mère, c't'ef-
25 frayant. C'est de valeur qu'i' soit beau garçon parce qu'i' s'arrange
comme un vrai fou.

BERNARD, *n'écoutant pas.*

Tant qu'à ça…

JEANINE

En tout cas, j'voudrais pas être dans les culottes de sa mère, moi.

BERNARD

Y a pas de danger… (*Puis pris dans son journal.*) Hey j'te dis que
30 l'homme est rendu loin, hein? Ç'a l'air qu'on est capable de parler
avec des singes.

JEANINE

Ça se taille bien du pain tranché, hein?

BERNARD, *toujours absorbé.*

Sûrement… J'saurais pas de quoi parler avec un singe, moi.

JEANINE, *partie dans son idée.*

Qui c'est qui a inventé ça le pain tranché, coudonc ?

BERNARD

35 Ça doit être le même gars qui a inventé le toaster.

(*Jeanine prend un peu de mayonnaise sur le couteau avec un doigt puis lèche son doigt.*)

JEANINE

Ça goûte donc bon de la mayonnaise, hein ?

BERNARD

Ça doit.

JEANINE

40 On peut pas dire à quoi ça goûte.

BERNARD, *toujours absorbé.*

C'est la vie… Ah ben cry[1].

JEANINE

Comment ça se fait c'est bon avec n'importe quoi ?

BERNARD, *délaissant son journal.*

Quoi ?

JEANINE

La mayonnaise.

45 (*Bernard pointe le pot de mayonnaise sur la table.*)

BERNARD

Est là, là.

(*Bernard retourne à la lecture de son journal. Jeanine prend d'autre mayonnaise, un peu froissée par le manque d'intérêt de Bernard. Soudain elle fige en pensant à quelque chose.*)

---

1. Cry : juron qui marque l'étonnement.

JEANINE

50 Ah non!

BERNARD

Quoi?

JEANINE

J'ai oublié d'acheter du déodorant pis i' m'en reste pus.

BERNARD

Qu'est-ce tu veux, c'est pas pour une journée de plus que ça va changer grand-chose.

JEANINE

55 Oui mais i' faut que j'en mette. La visite qui vient. Va donc m'en acheter.

BERNARD

Tu mettras du mien.

JEANINE

J'vas avoir l'air fine, moi.

BERNARD

T'auras pas l'air plus fine que d'habitude, voyons donc…

JEANINE

60 Ça paraît que c'est pas toi qui vas sentir l'homme. Qu'est-cé qu'a va dire, Luce, tu penses?

BERNARD

A ira pas te sentir en dessous des bras quand même. Pis t'as ben le droit de sentir qu'est-cé tu veux, c'est tes oignons.

JEANINE

Ben justement j'veux pas sentir ça. Va m'en acheter, t'as rien à faire.

BERNARD

65 Facile à dire ça… Des fois j'te comprends pas. Suzy[1] a n'en met pas elle.

---

1. Suzy est la fille de Bernard et Jeanine.

JEANINE

C'est pas surprenant, Suzy est moins féminine que toi. Coudonc 'i as-tu parlé finalement à Suzy?

BERNARD

De quoi?

JEANINE

Ben pour à matin là pis en général.

BERNARD

70 Ah ça… j'comprends donc.

JEANINE

Pis?

BERNARD

Pis eh… ç'a passé par là.

JEANINE

Qu'est-cé tu 'i as dit?

BERNARD

A le sait.

JEANINE

75 Pis elle qu'est-cé qu'a dit?

BERNARD

J'vas t'dire était mal placée pour parler.

JEANINE

Ben i' était temps.

BERNARD

Mais i' était pas trop tard quand même.
(*Bernard revient à son journal.*)

JEANINE

80 Penses-tu que j'devrais faire une salade aux patates?

(*Bernard ne répond pas.*)

JEANINE

Hein Bernard?

BERNARD

C'est-tu à moi que tu parles.

JEANINE

Non c't'au mur.

BERNARD

85 Ah bon!

(*Ils continuent chacun leurs occupations en silence.* [...])

Un théâtre d'auteur

Les pratiques théâtrales innovatrices des années 1970 ont profondément bouleversé la façon d'aborder l'art dramatique au Québec. Théâtre engagé ou expérimental, création collective ou improvisation, ces formes nouvelles ont remis en question la place de l'auteur dans le processus créatif. Traditionnellement à l'origine de la création par l'écriture du texte, l'auteur voit son statut ébranlé. Le jeu sert de point de départ, le travail de mise en scène et le corps de l'acteur deviennent les éléments générateurs de la représentation, tout travail d'écriture est parfois exclu. Cependant, au seuil des années 1980 émergent, dans le milieu culturel en général, des préoccupations plus individuelles. La dramaturgie fait un retour marqué vers l'écriture. Abandonnant le rêve collectif, le théâtre véhicule de plus en plus les rêves individuels: ceux imaginés par les dramaturges, surtout par les «jeunes» auteurs. Le qualificatif «jeune» n'a rien à voir ici avec l'âge, mais évoque plutôt la nouveauté; les voix jusqu'alors inconnues qui se font entendre sur les scènes québécoises sont considérées comme une «nouvelle vague». Parmi ces auteurs se trouvent notamment Normand Chaurette, René-Daniel Dubois et Michel-Marc Bouchard.

Au courant de cette décennie, les auteurs s'interrogent sur le rôle de l'écriture et la place de l'écrivain dans la société, et ils mettent en scène ces interrogations dans leurs œuvres. Plusieurs pièces comprennent des personnages d'auteurs, connus ou fictifs. Une façon pour le dramaturge de questionner les rapports entre la réalité et la fiction, deux mondes entre lesquels oscille constamment l'écrivain.

Le Montréalais Normand Chaurette s'inscrit dans cette nouvelle vague d'écriture. Après un baccalauréat en littérature et une maîtrise en linguistique, il travaille dans l'enseignement et l'édition avant de se consacrer entièrement à l'écriture et à la traduction. Plusieurs productions québécoises des pièces de Shakespeare depuis les années 1980 sont des traductions de Chaurette. L'univers shakespearien a fasciné le dramaturge à un tel point qu'il a écrit *Les Reines* (1991), une pièce dans laquelle il imagine le sort des femmes dans l'entourage du roi Richard III et y explore les jeux de pouvoir dans la famille royale. La pièce a été présentée à Bruxelles en Belgique en 1992, à Barcelone en Espagne, dans une traduction catalane, l'année suivante, puis en France en 1997. Une autre œuvre de Chaurette, *Le Passage de l'Indiana,* a connu un vif succès en France en 1996. Invité par le réputé Festival d'Avignon, le metteur en scène québécois Denis Marleau y a monté cette pièce inédite de Chaurette. À partir du moment où elles sont reconnues à l'étranger, les pièces de Chaurette reçoivent un meilleur accueil chez lui. Est-ce l'effet du hasard ou le résultat de l'excellente mise en scène? Les Québécois souffrent-ils encore d'un complexe d'infériorité qui fait qu'un auteur doit être reconnu ailleurs avant d'être célébré ici? On peut sans doute se questionner.

La reconnaissance de l'artiste est d'ailleurs au cœur de l'œuvre du dramaturge montréalais. Son premier texte porté à la scène [1], *Rêve d'une nuit d'hôpital* (1980), avait comme personnage central le poète Émile Nelligan. Cette œuvre n'a pas fait date dans l'histoire du théâtre au Québec, mais s'y trouvent déjà réunis quelques-uns des thèmes chers à l'auteur: l'art, la folie, la mort et la mémoire. La structure même de ses pièces est fortement marquée par cette thématique; le récit est fragmenté, telle la mémoire, et les évènements sont décrits par couches successives plutôt qu'en suivant l'habituel déroulement linéaire. Dans *Provincetown Playhouse, juillet 1919, j'avais 19 ans,* par exemple, la quête de la vérité se fait un peu à la manière d'une enquête policière, au cours de laquelle on accumule des indices afin de reconstituer l'histoire.

---

1. La pièce a d'abord été écrite sous forme de nouvelle, puis adaptée pour la radio et finalement jouée sur scène.

Cette pièce de Normand Chaurette a été publiée avant d'être créée à la scène. Les metteurs en scène et les compagnies de théâtre, à l'époque, n'avaient sans doute pas voulu prendre le risque de se frotter à cette œuvre complexe posant des défis pour la scène[1], et écrite par un auteur qualifié par les critiques d'« injouable ». Pourtant, le théâtre de Chaurette, souvent qualifié de trop littéraire, porte en lui des éléments qui passent bien la rampe. D'une part, le langage est d'une musicalité qui ne peut s'entendre à la lecture et qui se déploie telle une sonate lorsque le texte est interprété. D'autre part, certains passages en apparence dramatiques se révèlent remplis d'humour et d'ironie dans la bouche de certains acteurs. La création, en 1982, de *Provincetown Playhouse, juillet 1919, j'avais 19 ans* a été fort modeste. La pièce a été mise en scène par Michel Forgues et présentée au Café Nelligan, une salle minuscule. Deux ans plus tard, elle a été reprise à Chicoutimi dans une mise en scène de Pierre Fortin. Pour cette production, un seul acteur incarnait tous les personnages, accentuant l'idée de la folie, centrale dans la pièce.

Écrit en 10 jours, ce texte de Chaurette fait référence d'emblée, par son titre, à la culture théâtrale américaine. En effet, Provincetown est une petite localité à la pointe de la presqu'île de Cape Cod, au Massachusetts. Là s'est formée toute une génération d'auteurs dramatiques importants du xxe siècle, dont Eugene O'Neill, qui s'est joint au groupe des Provincetown Players en 1916. Une fois installé à New York, le groupe a changé de nom pour devenir le Playwrights Theatre, qu'on pourrait traduire par « Théâtre des dramaturges ». À lui seul, O'Neill symbolise le renouveau du théâtre américain, empreint d'innovation et de modernité. Il y a là filiation et volonté, de la part de Chaurette, d'ancrer son histoire dans des lieux mythiques.

Charles Charles, 19 ans, a écrit sa première pièce de théâtre, qui a pour titre *Le Théâtre de l'immolation de la beauté*. Avec ses amis Alvan Jensen et Winslow Byron, tous deux comédiens, il en donne la première et unique représentation au Provincetown Playhouse, le 19 juillet 1919. Le propos de la pièce, l'immolation de la beauté, est

---

1. En effet, on peut se demander comment un metteur en scène aborde une pièce dont les premières didascalies sont les suivantes : « *La pièce se passe dans la tête de l'auteur, Charles Charles 38. Dans cette tête, le décor représente la mer un soir de pleine lune. Odeur de sel et de poisson frais.* »

transposé dans le meurtre d'un enfant, évoqué sur scène par un sac rempli d'ouate. Or, le soir de la première, il y a réellement un enfant mort à l'intérieur du sac. Il y a donc eu meurtre ; il y aura procès. L'auteur et les comédiens se retrouvent au banc des accusés. La question à élucider : savaient-ils que le sac contenait un enfant ?

La pièce de Chaurette, composée de 19 tableaux, se déroule 19 ans après le procès. Charles Charles, dans une clinique psychiatrique de Chicago, se remémore soir après soir les évènements qui se sont déroulés 19 ans auparavant. Dans l'extrait proposé, deux personnages portent donc le nom de Charles Charles : Charles Charles 38, interné à Chicago, et Charles Charles 19, sorte de fantôme de l'auteur. La rencontre entre les deux personnages donnera lieu à une reconstitution des évènements, les deux Charles Charles jouant à la fois leur propre rôle, celui de l'auteur, et le rôle du juge interrogeant les accusés.

Normand CHAURETTE
(né en 1954)

Provincetown Playhouse, juillet 1919, j'avais 19 ans
(1982)

CHARLES CHARLES 19
Le début de la pièce est pour le moins bizarrre.

CHARLES CHARLES 38
C'est l'œuvre d'un fou.

CHARLES CHARLES 19
Oui, je le sais… (*Il lit :*) « Théâtre de l'immolation de la beauté. » Dès les premiers tableaux — au fait, cette pièce en comporte dix-neuf —
5 dès les premiers tableaux, dis-je, on annonce le meurtre.

CHARLES CHARLES 38
L'immolation.

CHARLES CHARLES 19

On peut même voir ce sac qui contient l'enfant, près des trois garçons. Il est écrit que deux de ces garçons portent un couteau à la ceinture.

CHARLES CHARLES 38

Et que l'auteur n'en a pas.

CHARLES CHARLES 19

10 L'auteur : « Erreur ! J'ai écrit : C'est comme s'il en avait un, lui aussi. »
Le juge : « Que voulez-vous dire ? »
L'auteur : « Ça, monsieur le juge… Comme s'il en avait un. »
Le juge : « Comme s'il en avait un quoi ? »
L'auteur, excédé : « UN COUTEAU ! »

CHARLES CHARLES 38

15 L'idée des couteaux, avouez que c'était génial ! Les plus grandes histoires d'amour fonctionnent au couteau ! Les plus nobles assassinats, les plus grands suicides, enlevez le couteau et qu'est-ce qu'il nous reste ! Surtout ne pas oublier que l'enfant était drogué à la morphine et que par conséquent il est mort heureux. Un seul coup de couteau a dû être
20 suffisant d'ailleurs. Les dix-huit autres, c'était pour la cohérence.

CHARLES CHARLES 19

Le juge : « La réaction du public ? »

CHARLES CHARLES 38

L'auteur, qui fouille dans ses souvenirs : « … Le public a adoré… conquis dès le début… c'est le genre de truc qui plaît. »

CHARLES CHARLES 19

Le juge : « Mais à la fin, quand on immole ? »

CHARLES CHARLES 38

25 L'auteur : « … Un grand silence, si je me souviens bien… Ils n'y ont pas cru, eux… Ils comptaient les coups, sachant qu'il y en aurait dix-neuf, ça allait de soi… je dirais même qu'ils ont dû compter à rebours, en commençant par 19, comme pendant les dernières secondes d'un match de boxe… S'ils avaient su que le sang qui s'écoulait du sac,
30 c'était du vrai sang d'enfant… »

Charles Charles 19
S'ils avaient su ?

Charles Charles 38
… On s'était payé une hurleuse. Dans la troisième rangée. Cinquante sous pour la soirée. Elle devait hurler aux endroits prévus. Alvan devait lui faire signe, comme ça…

Charles Charles 19
35 Elle a hurlé ?

Charles Charles 38
Au début, elle hurlait assez régulièrement.

Charles Charles 19
Et à la fin, durant les dix-neuf coups de couteau ?

Charles Charles 38
La pièce était assez hermétique, je dois dire. La hurleuse s'est endormie.

Charles Charles 19
40 Même si on avait annoncé le meurtre de l'enfant ?

Charles Charles 38
L'immolation. Dites « immolation », s'il vous plaît…

Charles Charles 19
Le juge : « À l'heure actuelle, j'ai bien peur qu'il s'agisse d'un crime. »

Charles Charles 38
L'auteur : « Immolation. Le théâtre doit renouer avec la tradition grecque. L'enfant s'appelait Astyanax [1]. Relisez vos classiques. »

Charles Charles 19
45 Expliquez-moi cette allusion à la tragédie grecque.

Charles Charles 38
Agamemnon, le roi d'Argos, avait incendié la ville de Troie et massacré tous les hommes qui s'y trouvaient. À l'exception d'un seul. Un oubli. Un enfant.

---

1. Astyanax : fils d'Hector, héros de la guerre de Troie, et d'Andromaque.

CHARLES CHARLES 19

Et alors?

CHARLES CHARLES 38

50 Quoi, et alors? L'enfant terrorisait la Grèce. On l'a immolé.

CHARLES CHARLES 19

Je crois comprendre… Vous voulez plaider la cause d'Agamemnon pour vous disculper? Mais il s'agit d'une histoire. Une fiction. Une hypothèse. Je m'y oppose.

CHARLES CHARLES 38

Une histoire authentique. On peut qu'être d'accord ou en désaccord.
55 Mais on ne peut pas s'y opposer.

CHARLES CHARLES 19

C'est de l'invention. Je m'y oppose.

CHARLES CHARLES 38

Un chef-d'œuvre! Et d'une cohérence!

[…]

CHARLES CHARLES 38

Il s'agissait de le dire… il s'agissait d'un peu de lucidité. Quand on se trouve acculé, qu'il y a plus rien d'autre à dire… leur dire que j'étais
60 fou, et le devenir, par conséquent. Parce que là encore, il fallait des preuves. Le tout a été de me persuader. J'étais obligé de croire… croire à mon personnage. En un éclair, j'ai compris le sens du mot «théâtre». J'ai dit: «Charles Charles, tu vas jouer un fou, et ce sera ton plus beau rôle, et si tu crois à ton personnage, le public te saluera. Ton génie, ton
65 talent, c'est pour aujourd'hui.» Et c'est comme ça que le théâtre m'a condamné à mort, et c'est comme ça que le théâtre m'a sauvé la vie. J'ai écrit ma pièce tout en la jouant, pour un public venu spécialement pour me juger. Et puis je leur ai dit: «J'ai écrit spécialement pour vous, et puis s'il y a des retardataires, ils auront rien manqué parce que ma
70 pièce recommence continuellement. Ma pièce dure depuis dix-neuf ans. À tous les soirs, elle recommence. C'est un one-man-show. Ici, à Chicago, je suis bien, j'ai de l'espace, je me sens chez moi. Vous savez, le grand silence religieux, le silence dont rêvent tous les auteurs, il est

ici ; ici le public est un inconditionnel de... de moi ! Et, croyez-le ou
75 non, depuis dix-neuf ans, y a pas eu un seul retardataire. Pas un seul !
Ici, quand on dit à huit heures, ça commence à huit heures. Et puis à la
fin, je salue, une fois... deux fois... Il y a des soirs où j'apporte certaines modifications à ma pièce. Des fois j'allonge des répliques, d'autres fois, je coupe ce qui est écrit pour m'éloigner un peu de mon sujet.
80 (Un soir, j'ai décidé de remplacer le sac par un petit lapin ! À chaque
fois qu'on disait « projecteur sur un sac », le petit lapin se mettait à
sauter, c'était assez baroque, les gens comprenaient difficilement pourquoi on faisait tant d'histoires autour d'un petit lapin, mais moi je me
suis amusé follement ! Alors ça m'a donné des idées, à chaque premier
85 jeudi du mois, je remplace le sac par quelque chose d'autre... un soir,
je l'ai remplacé par un tracteur. Alors là, c'était ambigu ! Quand le tracteur faisait marche arrière, il faisait tchouk-tchouk et il lui sortait de la
vapeur, on le confondait avec une locomotive !) Mais on peut dire que,
généralement, je respecte scrupuleusement mon texte. C'est pas parce
90 que je me permets des libertés un jeudi par mois que j'ai cessé d'être
fidèle à mes intentions d'auteur ! Tous les soirs, je recrée un climat.
Alors, quand le public est bien réceptif, j'en arrive à oublier toutes ces
années que j'ai en trop, je me retrouve quelque part sur la côte... en
marchant sur le sable... je revois la pleine lune... et puis je respire le
95 sel, les odeurs de poisson frais... et puis je lève la tête... en haut au dernier étage de la poissonnerie... ils sont là tous les deux qui m'atten-
dent, Alvan et Winslow, pour jouer une de mes pièces...

[...]

Charles Charles 38

Ils m'ont pas posé de questions. Moi, c'était pas la même chose,
j'étais fou.

Charles Charles 19

100 Mais tu peux te rappeler... ? Moi, je me souviens...

Charles Charles 38

Je me suis levé à dix heures, j'ai déjeuné, fait ma toilette, mes
exercices, il était midi, j'ai dîné, à une heure j'ai répété mon rôle, à
deux heures on est allés se promener sur la plage tous les trois, rentrés

à trois heures trente… je me suis couché, dormi jusqu'à cinq heures,
105 soupé à cinq heures trente, et à six heures…

CHARLES CHARLES 19

Et à six heures?

CHARLES CHARLES 38, *affolé, soudain.*

Va-t'en!

CHARLES CHARLES 19

Et à six heures?

CHARLES CHARLES 38

Tu m'avais promis que c'était fini, que tu reviendrais plus…

CHARLES CHARLES 19

110 Et à six heures, Charles Charles…?

CHARLES CHARLES 38

À six heures… et à six heures… je suis sorti… je suis allé me promener… le soleil faisait une boule orange sur la mer, j'ai regardé le
coucher de soleil… Le coucher de soleil…

CHARLES CHARLES 19

Et puis?… Ce n'est pas tout…

CHARLES CHARLES 38

115 Je me suis dit: «Charles Charles, le soleil a jamais été aussi beau sur la
mer»… Et du côté de l'est, on voyait la pleine lune… c'était comme
un rêve… J'ai couru chez Winslow…

CHARLES CHARLES 19

Winslow…

CHARLES CHARLES 38

J'ai couru chercher Winslow… «Winslow… viens voir… le soleil et
120 la lune!»

CHARLES CHARLES 19

Winslow…

Charles Charles 38

… « Viens voir… le soleil… et la lune… »

Charles Charles 19

Et alors, qu'est-ce que tu as vu entre six et sept, tu es rentré chez Winslow et qu'est-ce que tu as vu?

Charles Charles 38

125 Va-t'en!

Charles Charles 19

Dis qu'est-ce que tu as vu!

Charles Charles 38

Winslow. Et puis Alvan. Tous les deux. Dans la chambre. Ils faisaient que dormir… dans le silence, ma foi ils souriaient… une tendresse qui m'a fait plus mal que si j'avais vu autre chose… ce soir-là, l'im-
130 molation de la beauté… et moi qui croyais… qui croyais que Winslow…

(*Un temps.*)

Charles Charles 38

… Alors j'ai dit: « Charles Charles, va falloir que t'apprennes… » J'ai pas voulu les déranger, ils avaient besoin de se reposer, ç'aurait été
135 bête de ma part… alors je suis sorti…

Charles Charles 19

Winslow…

Charles Charles 38

Alors je suis sorti… et puis j'ai marché sur la plage…

Charles Charles 19

J'ai marché sur la plage, et puis…

Charles Charles 38

Va-t'en!

Charles Charles 19

140 Et puis j'ai vu… non, j'ai entendu d'abord… il jouait de l'harmonica…

CHARLES CHARLES 38

Quelqu'un qui jouait de l'harmonica… sur le bord des premières vagues… Je marchais… Je me suis arrêté… il était seul…

CHARLES CHARLES 19

Le ciel était orange, il y avait la pleine lune toute blanche, et il y avait lui, il était tout noir…

CHARLES CHARLES 38

145 Aussitôt, les choses se sont passées très vite dans ma tête… J'ai revu la bagarre de l'après-midi[1] et j'ai dit : « Charles Charles ce serait monstrueux ! » et j'ai dit : « Charles Charles, ça pourrait au moins te consoler… » … J'ai juste eu à lui demander s'il voulait jouer dans ma pièce… j'ai eu qu'à lui demander et puis c'est lui qui m'a suivi…

CHARLES CHARLES 19

150 Quand on est fou, les choses se passent très vite dans une tête…

CHARLES CHARLES 38

Quand on est fou… il y aurait un procès, ils en crèveraient tous les deux, quand on s'aime, c'est beau qu'on en meure… Puis moi, ils pouvaient rien contre moi… j'étais fou… j'étais fou…

CHARLES CHARLES 19

Ils pouvaient rien contre moi…

CHARLES CHARLES 38

155 Va-t'en. Va-t'en. Va-t'en !

(*Charles Charles 19 sort.*)

Des passions dérangeantes

L'un des thèmes récurrents du théâtre québécois des années 1980 est l'homosexualité. Souhaitant faire tomber les tabous, plusieurs dramaturges abordent dans leurs pièces la question gaie. Les œuvres les plus fortes associent l'homosexualité à un crime passionnel.

---

1. Winslow s'était battu avec un Noir dans l'après-midi.

Being at Home with Claude (1985) de René-Daniel Dubois et *Les Feluettes* (1987) de Michel-Marc Bouchard en sont deux bons exemples. La première expose la confession d'un jeune prostitué arrêté pour meurtre. Il avouera au policier qui l'interroge avoir tué son amant, révélant toute la passion qui l'habitait. La seconde se déroule dans une petite ville du Lac-Saint-Jean, à une époque où la sexualité était cachée et l'homosexualité carrément réprimée. Une passion amoureuse réunit deux adolescents. Ils seront victimes des préjugés de leur entourage — que reflète le titre de la pièce. Ces deux œuvres ont été adaptées pour le cinéma[1] quelques années après leur création. Au théâtre comme au cinéma, les textes de Dubois et de Bouchard confrontent des êtres passionnés avec une société qui les perçoit comme dérangeants, parce que déviants de ce qui est considéré comme la normalité. L'importance et l'intérêt du théâtre gai sont d'avoir contribué à l'acceptation de l'homosexualité dans la société québécoise. En prenant leur place sur la scène, puis au petit et au grand écran, les homosexuels ont pu sortir de la marginalité.

Le théâtre de Bouchard a souvent été associé à celui de Michel Tremblay. La critique voyait en lui un prolongement des thèmes forts de l'œuvre du créateur des *Belles-sœurs,* soit la famille et la condition homosexuelle. Bouchard se taille une place dans le monde du théâtre québécois à une époque où les artistes n'hésitent pas à afficher ouvertement leur orientation sexuelle, tout en touchant dans leur œuvre à l'universel. On voit alors s'opérer le passage des personnages de travestis et de grandes folles (la duchesse de Langeais chez Tremblay, par exemple) à des personnages gais qui vivent des problèmes comparables à ceux de n'importe qui d'autre. La première pièce de Bouchard, *La Contre-nature de Chrysippe Tanguay, écologiste* (1983), met en scène un couple homosexuel désirant adopter un enfant. Tout comme chez Tremblay se révèle ici un théâtre réaliste, ancré dans des lieux facilement reconnaissables, avec des personnages tout à fait vraisemblables.

Présentée pour la première fois en septembre 1988 au Théâtre d'Aujourd'hui[2], une salle consacrée au théâtre de création depuis

---

1. *Being at Home with Claude,* réalisation : Jean Beaudin, 1992 ; *Les Feluettes [Lilies],* réalisation : John Greyson, 1996.
2. Le Théâtre d'Aujourd'hui a été fondé en 1968.

40 ans, la pièce *Les Muses orphelines* de Michel-Marc Bouchard connaît un succès immédiat. Elle a été reprise et traduite en plusieurs langues, puis adaptée pour le grand écran en 1999 par Robert Favreau. Elle porte sur la famille et sur les traces laissées par l'abandon de la mère. Catherine, Luc, Martine et Isabelle étaient encore jeunes quand leur mère a connu Federico, un Espagnol hébergé par la famille le temps de la construction du barrage sur la rivière Péribonka, au Lac-Saint-Jean. Elle laisse derrière elle ses enfants, et part avec le bel étranger pour refaire sa vie ailleurs. Imaginant qu'ils ont quitté le Québec pour l'Espagne, Luc écrit un livre dans lequel il entretient une correspondance avec sa mère, gardant ainsi intacts ses souvenirs. À l'opposé, Martine s'est engagée dans l'armée canadienne et elle parcourt le monde en tentant d'oublier le passé. Catherine, l'aînée de la famille, prend sous son aile la benjamine, Isabelle, qui conserve peu de souvenirs de sa mère. Elle l'a toujours crue morte, puisque c'est ce que ses sœurs et son frère lui ont laissé croire. Apprenant un jour la vérité, Isabelle décide de rassembler sa famille afin de se venger.

Michel-Marc BOUCHARD
(né en 1958)

Les Muses orphelines
(1988)

MARTINE

Demain, est mieux de pas nous faire le coup du repentir !

ISABELLE

Que c'est que ça veut dire, « repentir » ?

MARTINE

Ça veut dire quelqu'un qui revient à quatre pattes, en lichant le plancher pour se faire excuser ! On se tapera pas l'apothéose du pardon !
5 « Apothéose », ça veut dire la cerise sus l'sundae ! Prends ton dictionnaire, tabarnac ! (*Silence.*) Pis, en la voyant, on va être là, fragiles comme des p'tits enfants, parce que le temps s'est arrêté aussi depuis

Les Muses orphelines DE MICHEL-MARC BOUCHARD.

THÉÂTRE DE LA BORDÉE, 2006.
MISE EN SCÈNE DE JEAN-PHILIPPE JOUBERT.

qu'a l'est partie! Si j'en vois un y faire la moindre gentillesse, j'la sors
la .22 [1] pis c'te coup-là, j'tire… j'tire!!!

CATHERINE

10 On réagira comme on voudra. On a pas d'ordres à recevoir
de personne!

ISABELLE

Le reste des pages, c'est quoi?

LUC

Les lettres qu'a m'aurait écrites d'Espagne!
(*Lisant:*)

15 « CHER FILS, JE SUIS ARRIVÉE DANS LE PORT DE CADIX APRÈS UN VOYAGE
DE TROIS SEMAINES. LA MER EST D'UN BLEU TURQUOISE. DÈS MON
ARRIVÉE À BARCELONE, J'IRAI VISITER L'IGLISIA DE SAGRADA FAMILIA [2].
FEDERICO M'A SOUVENT PARLÉ DE L'ORGUE QUI S'Y TROUVE. »

MARTINE

Es-tu en train de nous dire que tu te fais croire qu'a t'écrit depuis qu'a
20 l'est partie? Depuis vingt ans, tu t'imagines ça?

LUC

T'as jamais essayé d'imaginer c'qu'a l'était devenue?

MARTINE

J'ai essayé de l'oublier!

LUC

Toi, Catherine?

CATHERINE

J'avais pas de temps à perdre avec ça!

LUC

25 Christ! Êtes-vous en train de me dire que vous avez jamais pensé à
c'que pouvait faire vot' propre mère depuis vingt ans? Comment vous
faites pour vous regarder dans un miroir pis pas la voir dans vos traits?

---

1. La .22: l'arme à feu de calibre .22.
2. Iglisia de Sagrada Familia: célèbre église de Barcelone dont la construction, toujours inachevée,
   a été amorcée par l'architecte Gaudí en 1883.

ISABELLE

Moi, j'ai jamais eu la chance de l'imaginer. Catherine me disait qu'à
l'était au purgatoire pis comme personne a été capable de m'expliquer
30 c'que c'était que le purgatoire, ben, je l'imaginais pas. Y a ben monsieur le curé qui m'a dit que ça ressemblait à une grande ligne pour le
confessionnal. Ça fait que j'la voyais dans une ligne à attendre, pis des
fois j'y apportais une chaise pour qu'a se repose. (*Silence.*) Dans ton
livre, a s'ennuie-tu de nous autres ?

LUC

35 Beaucoup… de moi.

ISABELLE

Quel genre de vie qu'a l'a faite dans ton livre ?

LUC

Après 1947, les franquistes [1], le gouvernement du pays, leux ont donné
tout un domaine à côté de Barcelone. A l'était devenue la reine d'un
domaine. C'est là que je l'ai retrouvée y a cinq ans.

ISABELLE

40 Tu l'as retrouvée pis tu me l'as jamais dit ?
(*Silence.*)

MARTINE

Comment c'était ?

LUC, *s'apprêtant à sortir.*

Y doivent être rendus à la bénédiction des cierges à l'église !

ISABELLE

Raconte-nous-le !

CATHERINE

45 Y peut pas nous le raconter parce qu'il l'a jamais vue en Espagne.
C'est pour ça qui se sauve. (*Elle sort.*)

(*Luc revient et fouille dans son manuscrit.*)

---

1. Franquistes : partisans du général Franco et de son régime instauré en Espagne en 1936.

ISABELLE

J'veux pas savoir c'que t'as écrit, j'veux savoir c'qui s'est passé.

LUC, *déposant son manuscrit et inventant à mesure.*
Quand j'suis arrivé à Barcelone, j'ai facilement trouvé leur domaine.
50 J'ai rencontré Federico. Y était à cheval dans un de leux champs. On aurait dit qu'y avait pas vieilli. Lui, y m'a trouvé changé. Y m'a dit que maman était à l'Iglisia de Sagrada Familia. J'suis retourné en ville.

CATHERINE, *revenant avec une boîte contenant des lettres.*
Comme meman va être icitte demain, ça servirait pus à rien de vous le cacher. (*Elle distribue des lettres à Isabelle et à Martine.*)

LUC

55 J'suis arrivé devant l'Iglisia, j'ai poussé les grandes portes. Pis j'ai entendu l'orgue. C'était majestueux. Ça faisait douze ans que je l'avais pas vue. Mon cœur battait fort.

MARTINE, *lisant une lettre.*
LE 04-09-1952. MADEMOISELLE TANGUAY, J'AIMERAIS QUE VOUS ME FASSIEZ PARVENIR LE CERTIFICAT DE DÉCÈS DE VOTRE PÈRE. J'EN
60 AURAIS BESOIN EN VUE D'UN MARIAGE ÉVENTUEL. J.T.

LUC

J'me suis avancé dans l'allée centrale de la grande église vide pour mieux voir au jubé [1]… Quand je l'ai vue…

ISABELLE, *lisant une lettre.*
LE 02-10-1948. MADEMOISELLE TANGUAY, VOUS TROUVEREZ CENT DOLLARS POUR AIDER À HABILLER LES ENFANTS EN VUE DE L'HIVER
65 QUI S'ANNONCE. J.T.

LUC

J'y croyais pas. J'ai pas parlé tout de suite. J'voulais l'admirer. Tout d'un coup a s'est retournée vers moi. A l'a arrêté de jouer de l'orgue. Elle s'est levée debout pis a l'a ouvert les bras.

---

1. Jubé : section surélevée à l'intérieur de certaines églises, d'où l'on peut assister aux cérémonies.

© Jean-François Landry.

Les Muses orphelines de Michel-Marc Bouchard.
Théâtre de la Bordée, 2006.
Mise en scène de Jean-Philippe Joubert.

ISABELLE, *lisant.*

MADEMOISELLE TANGUAY, VOICI DEUX CENT CINQUANTE DOLLARS
70 POUR VOUS AIDER AUX ÉTUDES D'ISABELLE. JACQUELINE ROSAS.

CATHERINE

Lisez l'adresse dans le coin de l'enveloppe.

MARTINE

102, AV. SAINT-MARC, LIMOILOU, QUÉBEC.

CATHERINE

A l'a jamais été en Espagne. C'était pour pas que vous la retrouviez.

LUC, *démuni.*

J'avais les yeux tellement embrouillés par mes larmes que tout c'que
75 j'ai réussi à voir, c'est la statue de la Sainte-Vierge du Carmel qui
m'ouvrait les bras. Des bras de plâtre qui prendront jamais quelqu'un.

ISABELLE

J'ai mal au ventre !

CATHERINE

Oui, Luc. J'ai pensé à elle, souvent. Je l'ai imaginée suant dans les
manufactures de la basse-ville de Québec en train de se battre à
80 journée longue avec une machine à coudre pour faire des corsets aux
madames de la haute-ville… pour payer son bonheur.

MARTINE

A l'est à Québec ! J'vas pouvoir me reposer les méninges. J'avais une
partie du cerveau transformée en mappemonde à force d'y chercher
une adresse ! A l'est à Québec ! La copine de voyage qui y a mallé la
85 lettre à Québec, c'était elle ! A l'est partie sans inquiétude en nous laissant entre les mains de la plus vieille. Aïe, j'ai essayé de comprendre
comment c'qu'a pouvait pas se sentir coupable. A nous a laissés à la
plus vieille. Depuis tout c'temps-là on bâtit nos souvenirs sur de l'air !

ISABELLE

Demain, j'm'en vas avec Luc, à Montréal.

CATHERINE

90 Luc, j'ai mille piastres à caisse… Laisse-la tranquille !

LUC, *l'attaquant.*

La laisser tranquille ? Tu m'as expédié à l'aut' boutte du monde en me laissant croire qu'a l'était en Espagne rien que pour que j'la laisse tranquille.

(*Catherine se précipite sur Isabelle.*)

CATHERINE

95 Laissez-la-moi ! Laissez-la-moi !

LUC

On te l'a laissée, pis r'garde c'que t'en as faite ! Une femme de vingt-sept ans qu'y a la maturité d'un enfant de douze ans pis autant de vocabulaire qu'un bottin téléphonique !

ISABELLE, *prenant Catherine dans ses bras.*

Mêle-toi de tes affaires, Luc !

CATHERINE, *à Luc.*

100 Demain, j'y permets aucune critique sus la manière dont je l'ai élevée. J'y ai donné toute c'que j'ai pu. Pas besoin d'y dire qu'a peut pas me l'enlever.

LUC, *jouant la mère.*

J'suis revenue la chercher, Cathou, parce que j'suis écœurée qu'a soye là juste en attendant que t'ayes un p'tit… Parce que tu sais très bien
105 que t'en auras pas. T'as passé toué z'étalons du village mais ton p'tit problème, ta p'tite tragédie, c'est que t'es pas rien que stérile dans ta tête, mais dans ton ventre aussi. Isabelle, va faire ta valise.

(*Isabelle va chercher sa valise.*)

CATHERINE, *pleurant.*

J'en aurais voulu douze ! Douze pour la faire chier ! Mon Dieu… Mon
110 Dieu… Pour y montrer comment ça pouvait être beau, une famille.

MARTINE

Imagine si t'en avais douze ? Douze départs déchirants, douze fois à te demander à quoi ça a servi que tu leux donnes tes tripes... Douze fois à te transformer en sangsue gluante pour pas qu'y s'en aillent... Douze mille nuits blanches parce qu'y sont pus là... À leux inventer 115 des problèmes d'amour, d'argent, de carrière. Douze fois à te demander si t'as ben faite ta job de mère, douze fois à te demander quelle femme t'étais avant qu'y arrivent... Douze fois à t'apercevoir que t'es rien qu'un hostie de chaînon dans c'te chef-d'œuvre qui s'appelle l'humanité. L'humanité qui se fait plaisir à se faire du mal, à 120 s'entre-tuer... Not'mère, j'la trouve courageuse d'avoir levé les pieds avant nous autres. Imagine, a l'a même pas eu à se culpabiliser parce que j'suis lesbienne... (*Moqueuse.*) Ça, Catherine, j'te laisse le soin d'expliquer le mot à Isabelle. Tu iras vomir avant, après ça tu y expliqueras. J'la trouve lâche de revenir. J'sais pas c'qui peut la pousser à 125 être aussi masochiste. À v'nir vérifier qu'on a vraiment souffert pis quand on se déchire pas entre nous autres, on continue à l'faire en dedans de nous autres.

Cabaret Neiges noires, 1997.

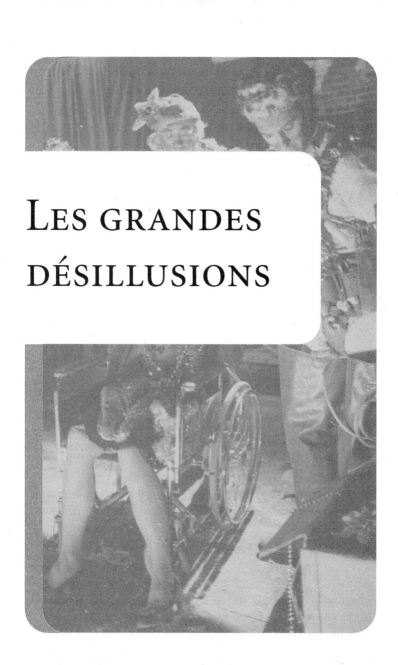

LES GRANDES
DÉSILLUSIONS

LES GRANDES DÉSILLUSIONS

Un monde désenchanté

Si les années 1980 avaient vu le déclin des rêves collectifs, la décennie suivante allait être celle des grandes désillusions. Désengagement social, désintérêt à l'égard de la politique et désillusion sont au rendez-vous. La génération X [1] est sans doute celle qui en subira le plus les contrecoups. Le marché de l'emploi est saturé, et le chômage sévit. Le taux de natalité reste bas et beaucoup de familles sont éclatées, reconstituées ou réinventées. L'individu affronte un monde de plus en plus complexe. La solitude semble prendre le dessus malgré les possibilités d'échanges décuplées.

Un spectacle créé par un collectif d'auteurs vient à la fois souligner et secouer cette torpeur ambiante. *Cabaret Neiges noires,* de Dominic Champagne, Jean-Frédéric Messier, Pascale Rafie et Jean-François Caron, apparaît comme l'évènement théâtral de l'année 1992, voire de la décennie. La pièce connaîtra d'autres séries de représentations dans les années qui suivront sa création [2], sera présentée en Italie et finalement portée au grand écran [3]. Dès les premières représentations, la plupart des journalistes sentent bien qu'il se passe quelque chose d'important dans le milieu théâtral; on fait même l'analogie avec l'*Osstidcho* qui avait fait un tabac en 1968. Le public réagit lui aussi fortement: on aime ou on déteste. Ceux et celles qui n'ont pas quitté la salle à l'entracte se lèvent en bloc pour applaudir les acteurs qui livrent une performance de haut vol. Jusqu'à la forme du spectacle qui est impressionnante; le jeu théâtral se double de musique, de chansons, de danses et même d'un *striptease*! Les comédiens se déplacent dans la salle et s'adressent aux spectateurs. Un personnage est même assis au bar, et il interrompt la représentation à plusieurs reprises afin de livrer ses commentaires.

Avec leur cabaret, les créateurs, tant auteurs qu'acteurs, célèbrent le désenchantement du monde. Et qu'est-ce qui les fait chanter

---

1. La génération X regroupe les personnes nées dans les années 1960 et 1970. L'expression vient du romancier canadien-anglais Douglas Coupland, qui en fait le titre d'une œuvre en 1991.
2. La pièce a d'abord été présentée à La Licorne en novembre 1992. Elle a été reprise au même endroit l'année suivante, puis deux ans plus tard au Club Soda.
3. L'adaptation est signée Dominic Champagne et la réalisation est de Raymond Saint-Jean (1997).

— ou déchanter — ainsi ? Le côté noir de ce qui les entoure, d'où le titre du spectacle : « On a conçu la pièce avec le désir de nommer les neiges noires qui nous chient dessus [1]. » *Cabaret Neiges noires* aborde une pléthore de préoccupations qui sont dans l'air du temps : condition précaire de l'artiste, aspect éphémère de l'amour, maladie d'Alzheimer, solitude des personnes âgées, prostitution, alcoolisme, toxicomanie, dépression, suicide... tout y passe. Malgré son constat sombre, la pièce a un côté rafraîchissant, par le mélange du comique et du tragique, mais aussi dans la note d'espoir lancée au public à la fin : « Alors pour la finale du spectacle / Et la suite du monde [...] Je vous demanderais seulement ami public / De faire une petite place dans vos cœurs / Au sens de la vie / Qu'on soit quelques-uns ce soir / À repousser la mort et l'insignifiance [2]. » L'œuvre de Champagne, Messier, Rafie et Caron et arrive de brillante façon à interroger la place du rêve dans notre société.

Spectacle collectif, *Cabaret Neiges noires* a mis plusieurs mois à prendre forme. L'idée a d'abord germé dans la tête de Dominic Champagne, auteur et metteur en scène [3], qui, en juin 1991, a lancé une invitation aux trois autres auteurs. Jean-Frédéric Messier, Pascale Rafie et Jean-François Caron avaient pour mission d'accoucher de courtes pièces satiriques, mettant au jour leur vision du monde. Au bout d'une dizaine de mois d'écriture et de rencontres, les auteurs ont rassemblé des comédiens qui ont contribué à la création sous forme d'ateliers afin d'offrir une première lecture publique en avril 1992 [4]. Cette première version du spectacle a encouragé les auteurs et les comédiens à poursuivre leur travail qui a finalement donné lieu, quelques mois plus tard, à la présentation du *Cabaret* lui-même à La Licorne [5], le 19 novembre. Œuvre collective et vivante, la pièce a continué d'évoluer après cette première représentation. Ainsi, le processus de création de *Cabaret Neiges noires* n'est pas sans rappeler les pratiques associées à la création collective des années 1970.

---

1. *Le Devoir*, 21 octobre 1993, p. B10.
2. *Cabaret Neiges noires*, p. 206-207.
3. Il a signé plusieurs pièces dont *La Répétition* (1990) et *La Cité interdite* (1992) ; il a également assuré la mise en scène de l'adaptation théâtrale de *L'Odyssée* au TNM en 2000.
4. La lecture publique a été présentée par le Théâtre il va sans dire, en collaboration avec le Centre des auteurs dramatiques (CEAD).
5. Le Théâtre La Licorne a été fondé en 1981.

Cabaret Neiges noires, 1997.

Il est difficile de résumer *Cabaret Neiges noires,* dans la mesure où le spectacle est volontairement éclaté. D'ailleurs, les créateurs soulignent avec ironie, au cœur même et à mi-chemin de l'œuvre, dans une scène intitulée « Les étudiants », l'impossibilité de cerner précisément le propos du spectacle. Imaginant que dans la salle se trouvent quelques étudiants tenus de prendre des notes parce qu'ils sont venus assister à la représentation par obligation, les comédiens tentent sans succès d'offrir une réponse claire aux questions qui leur seront posées par leur professeur. Ainsi, la pièce ne comporte pas d'histoire ni d'intrigue au sens strict du terme. Galerie de personnages plus ou moins réalistes, elle dresse plutôt un portrait de société, offrant quelques clichés de la vie urbaine. Dans cet univers évoluent entre autres les personnages de Martin et de Peste, jeunes dans la vingtaine, lui travesti, elle prostituée; tous deux carburent à la drogue pour essayer d'oublier la cruauté du monde dans lequel ils vivent.

Dominic CHAMPAGNE (né en 1963), *Jean-Frédéric MESSIER* (né en 1967), *Pascale RAFIE* (née en 1960) et *Jean-François CARON* (né en 1961)

Cabaret Neiges noires
(1992)

Stand-up tragique

PRÊTRESSE

Ami public
Stand-up tragique

(*Peste se plante là, face au public, la gueule en sang.*
5   *Martin Luther King se tape une tarte à la crème au visage et entre.*)

MARTIN

Que c'est que tu fais?

PESTE

J'essaye d'empirer.

MARTIN

Pis ?

PESTE

Ça va de mieux en mieux.
10 Pis toi ?

MARTIN

J'ai rêvé que j'étais en train de
Perdre la foi.

PESTE

Pense pas à ça.

MARTIN

J'ai rêvé que j'avais perdu
15 Le sens du dépassement, Peste.

PESTE

Pense pas à ça, Martin.

MARTIN

J'ai rêvé que je me rendais compte
Que tout ça…

PESTE

Pense pas à ça
20 Je me demande-tu moi
Si mon cul ou ben le cul du monde
Est transcendant quand y me prennent
Par en arrière à cinq piasses la passe
Non
25 Je le sais qu'y a queque chose
De boiteux en queque part
Qui tourne pas rond
Pis qu'y s'en va nulle part
Mais c'te queque chose de boiteux-là
30 Tant que ça va marcher tout croche

Ça sert à rien de déprimer
L'espoir c'est de se dire
Que le pire est encore à venir
Pis qu'en continuant de même
35 On va finir par y arriver
Pis ce jour-là, Martin,
Si en pognant le fond on remonte pas
Là on s'en reparlera
En attendant fais-moi pas chier
40 Continue de bommer
Pis endure-toi O.K.?

MARTIN

Ouin, moi qui pensais qu'on aurait
La jase de notre vie.

PESTE

La jase de notre vie?
45 Que c'est que tu veux que je te dise?
Je me méfie comme du sida du monde
Qui veulent me charrier
En me disant où c'est que je devrais
Pis qui c'est que je devrais
50 Pis avec qui que je devrais pas
Pis pourquoi pis comment
Chapitre vingt-neuf verset dix-huit
Demande-moi pas de te sermonner
Sur le sens du dépassement à soir
55 Le seul dépassement que je connais
Y est dans le fond d'une cuillère
Si c'est du spanish fly [1] philosophique
Que tu cherches pour te faire bander
Ta petite spiritualité manquée
60 Va voir le krishna [2] au coin, là,

---

1. *Spanish fly* : substance aphrodisiaque ayant la réputation d'être très puissante.
2. Krishna : divinité importante de la religion hindoue. On nomme aussi les moines hindous de cette façon.

Y demande rien que ça
De te trouver ton karma[1] — gratis —
Moi, j'ai des pipes à faire
Fait qu'enwoye fais de l'air
65 Ou ben retourne voir ta mère.

MARTIN

Que c'est que t'as, Peste, à soir ?

PESTE

J'ai rien, je te dis que
J'essaye d'empirer
Va me faire chier ailleurs O.K. ?

70 *(Il s'effondre.
Détonation.)*

dc

[…]

Le dernier rêve

(Peste assise à l'avant-scène, face au public.
75 *Entre Martin Luther King en rampant.)*

MARTIN

Je savais que je te trouverais ici.

PESTE

Je t'attendais
Pis ?

MARTIN

Je viens de faire mon dernier rêve
80 J'étais couché je rêvais
Pis j'ai rêvé que j'avais
Les yeux ouverts.

---

1. Karma : dogme de la religion hindoue selon lequel le passé d'un individu est à la base de son être.

PESTE

Fallait ben que ça finisse par arriver
Han ?

MARTIN

85 Oui…
Je me suis réveillé
Je me suis levé…

PESTE

Pis t'es venu me trouver.

MARTIN

Oui… ça va être l'heure, Peste.
90 Tiens.

(*Il lui donne une bombonne de crème fouettée.*)

MARTIN

Tiens.

PESTE

Attends encore un peu, veux-tu ?

MARTIN

Non Peste, j'ai rêvé que c'était ma fin.

PESTE

95 Ben c'est pas une belle fin.

MARTIN

J'ai rêvé que c'était pas une belle fin
J'ai rêvé que je me réveillais
Pis qu'en me réveillant
Le pire était à venir
100 Que n'importe quoi d'autre
Ferait aussi mal l'affaire
Pis qu'y avait pas de raison
D'attendre
J'ai rêvé
105 Que j'allais m'étendre aller m'éteindre

Tout seul dans mon cercueil
Comme en me cachant
En essayant de pas trop faire de bruit
Pas réveiller ma mère qui dormait
110 Pis c'est rendu là
Couché là
À fin de mon rêve
Que je t'ai vue ici assise
Sur la chaîne de trottoir
115 En train de m'attendre
C'est le temps là, Peste.

PESTE

Pourquoi ça serait moi?

MARTIN

Parce que j'ai rien que toi
Pis que tu m'as promis.

PESTE

120 Pis moi?

MARTIN

Non Peste
Tu m'as promis.

PESTE

…

MARTIN

Je ferme les yeux, là, O.K.?

PESTE

125 C'est ça, ferme les yeux.
Que c'est que tu vois?

MARTIN

Rien
Le même vide, le même…

PESTE

Désarroi…

MARTIN

130 Oui, le même…

PESTE

Cauchemar…

MARTIN

Oui…

PESTE

Pis les yeux ouverts?

MARTIN

Même chose. (*Il l'embrasse.*)

PESTE

135 Ferme les yeux. (*Elle secoue la bombonne et s'emplit la main de crème.*)
Ça achève, Martin.

MARTIN ET PESTE

« Tu peux, avec tes
Petites mains, m'entraîner
Dans ta tombe — tu
140 En as le droit —
Moi-même
Qui te suis moi, je
Me laisse aller —
— Mais si tu veux, à nous
145 Deux, faisons…

MARTIN

Une alliance

PESTE

Un hymen,

MARTIN ET PESTE

Superbe

MARTIN

— Et la vie
150 Restant en moi

PESTE

— Et la vie
Restant en moi

MARTIN ET PESTE

Je m'en servirai
Pour —

PESTE

155 — Et la vie
Restant en moi
Je m'en servirai
Pour —
— Et la vie
160 Restant en moi
Je m'en servirai
Pour [1] »

(*Elle lui plaque la tarte au visage.*
Martin résiste, puis ne bouge plus.
165 *La Vieille Dame s'avance, face au public.*)

LA VIEILLE DAME

Quand t'as entendu parler
Du malheur qui m'était tombé dessus
Est-ce que ton cœur a été triste
L'espace d'un instant ?

170   dc

---

1. Note de l'édition originale : « Stéphane Mallarmé, *Pour un tombeau d'Anatole*, fragments. »

Le chemin de la morgue

*(Peste court à rendre l'âme devant Martin étendu sur le sol.
La Vieille Dame sort lentement derrière elle.
Prêtresse matraque son piano.)*

PRÊTRESSE

175 On a retrouvé ce matin
Peu avant le déjeuner
Le corps d'un petit garçon
Mort assassiné dans un fossé
Sur le bord de l'autoroute
180 Sans médaille à son cou
Le meurtre le plus attendrissant
Sur l'échelle de Richter
Depuis l'annonce de la mort de Bobino[1]

D'autre part les chiens
185 Se sont révélés incapables
D'identifier l'enfant
Qui avait le visage
Complètement calciné
Noirci par on ne sait quel malheur
190 Sans qu'il y ait pourtant trace
De désespoir apparent
Quoique quoique quoique
Certaines odeurs

De solitude radioactive
195 Aient été maintes fois constatées
Dans la région depuis le suicide
Collectif survenu on s'en souvient
À la garderie de Saint-Glinglin
En septembre de l'an dernier

---

1. Bobino : personnage culte d'une émission télévisée pour enfants diffusée à Radio-Canada de 1957 à 1985.

200 Pour sa part le premier ministre
A déclaré
Qu'il n'avait rien à déclarer
Histoire de conserver
Toute sa marge de manœuvre
205 Quant à l'avenir de la nation
L'avenir de la nation

Qui était ce petit garçon
Où allait-il
D'où venait-il
210 Pourquoi se trouvait-il là
Sur les abords de l'autoroute
Toutes ces questions
Sont demeurées
Des questions

215   dc

Requiem

Walking pour basse, piano et batterie

            (*Peste au micro, à bout de souffle.*)

                        PESTE

Je me shoote jusqu'au sang
220 Moman
Je me shoote jusqu'au sang
M'as prendre un gun
M'as me tirer dedans
Pis ça va être le fun
225 Je me shoote jusqu'au sang
Moman

Je veux mourir étranglée
Par celui ou celle qui m'aime assez

Je veux mourir enchaînée à la voie ferrée

230 Je veux mourir cinglée, clouée à la démence
Par la semence d'une seringue aiguisée

Y pouvait pas survivre Martin
Y pouvait pus survivre
Y était trop fucké dans son corps
235 Y était trop blessé dans sa tête
Pour survivre

Je veux mourir chaise électrique
La tête éclatée contre un mur de brique

Je veux mourir les tympans crevés
240 Par le feedback [1] de l'enfer
Je veux mourir en train de venir
En me roulant à terre

Je veux mourir comme un homme qui éjacule
D'ailleurs c'est ça qui va m'arriver

245 Je veux mourir comme un homme qu'on émascule
Tant qu'à faire

J'y ai dit Martin
J'y ai dit Martin
C'est pas vrai
250 Ça se peut pas
Tu peux pas être
Si malheureux que ça
C'est pas vrai
Tu vas voir
255 Tu vas t'habituer

---

1. *Feedback* : retour de son.

Mais tu voulais rien savoir
Mon tabarnak
L'enfer c'était icitte
Pis ça te prenait moi pour
260 Te délivrer

Je veux mourir noire
De sommeil
Pour jamais me rappeler
De toute ce qui m'est arrivé

265 Je veux mourir par le sang qui va couler
À travers ma peau trouée

Je veux mourir
Comme un héros dans un film de guerre
Je veux pas être la conne
270 Qui est pognée
À rester
Pour brailler

Je veux mourir
Comme une étoile
275 Dans dix millions d'années

(*Gong.*
Noir.)

jfm

Un théâtre narratif

La dramaturgie des années 1980 a fait place à un renouveau de l'écriture proprement dite. On peut décrire celle de la décennie suivante comme un approfondissement de l'exploration des formes d'écriture. Le mélange des genres, caractéristique de la postmodernité, laisse une trace importante dans le théâtre québécois de la fin du XXe siècle. Plusieurs auteurs dramatiques de cette période, dont Daniel Danis et Carole Fréchette, présentent des pièces dans lesquelles le récit prend davantage d'ampleur que le dialogue. À la lecture, la disposition du texte laisse transparaître un mélange des genres ; on croirait lire un court roman, parfois même un poème, tellement la parole des personnages s'éloigne de l'échange de répliques. Souvent formées de monologues entrecroisés, plusieurs de ces pièces sont de véritables confessions, qui mettent en lumière la solitude profonde et le drame intérieur des personnages. Par exemple, dans *La Peau d'Élisa* (1998), Carole Fréchette rassemble en un seul personnage des souvenirs d'amour qui lui ont été confiés au cours d'un séjour d'écriture en Belgique. Élisa raconte sur scène, avec force détails et minutie, les histoires des autres, histoires véridiques et authentiques. Elle devient une sorte de porte-parole ; mises ensemble, les voix individuelles qu'elle exprime témoignent du caractère universel de ce que chacun vit intérieurement.

Carole FRÉCHETTE
(née en 1949)

La Peau d'Élisa
(1998)

ÉLISA

[…] Où est-ce que j'en étais ? Ah oui. Le parc de l'abbaye de la Cambre [1], l'après-midi. Il s'appelait Edmond. J'étais mariée depuis dix ans à cette époque-là. Dix ans, vous savez, c'est le moment où on se lasse de son mari. Pendant que les enfants étaient à l'école, je deve-
5 nais une autre femme. Essayez d'imaginer. L'après-midi, je mets une robe légère, des boucles d'oreilles, je chantonne avec la radio. Avant de refermer la porte de la maison, je fais deux ou trois pas de danse, comme ça, pour rien, pour faire tourner ma jupe. En marchant vers l'abbaye, tout à coup j'ai honte, puis je me dis : C'est pour ne pas

---

1. Parc de Bruxelles, en Belgique.

10 mourir. Pour ma survie. Il y en a qui ont besoin de transfusion, de
transplantation, pour rester en vie, moi j'ai besoin d'un homme dans
le parc de l'abbaye de la Cambre. Il m'attend devant la chapelle de
Saint-Benoît. Quelquefois, on marche longtemps autour du bassin, et
on parle. C'est bon de parler en marchant. Il dit que je lui fais du bien.
15 D'autres fois, on se retrouve à l'écart, dans un endroit retiré du parc.
Alors, pendant toute une heure, je ne suis plus une femme qui s'ennuie avec son mari. Je suis un corps qui frémit sous une robe d'été. Je
suis la jupe qui colle à la peau, je suis la peau sous la robe, je suis la
bretelle qui glisse sur l'épaule, je suis l'épaule soyeuse sous le coton, je
20 suis les cheveux fous sur la nuque, je suis la nuque sous les doigts d'un
homme. Est-ce que vous me voyez bien ? Je veux dire, est-ce que je
raconte bien ? Avec assez de détails ? Entendez-vous le bruit des
feuilles dans le vent doux, les petits rires du début, puis la voix qui
devient grave ? Est-ce que ça vous fait quelque chose que je vous
25 raconte tout ça. Si je vous le demande, c'est parce que c'est important.
C'est le jeune homme qui l'a dit.

(*Elle s'arrête. Elle réfléchit un peu.*)

Si vous étiez une femme qui pleure dans un café, une femme qui
montre ses genoux à un jeune homme qui ne les regarde pas. Un
30 jeune homme qui continue de parler, comme si vous ne pleuriez pas.

(*Le jeune homme apparaît.*)

LE JEUNE HOMME

Elle s'appelait Louise. On travaillait ensemble ; on était souvent tout
seuls tous les deux, dans un petit bureau. Un jour, mon père est mort.
J'ai dû partir à l'étranger, pour les funérailles. C'est là-bas, au milieu
35 des pleurs et de la tristesse que j'ai su que je l'aimais. Elle me manquait. Sa présence, son odeur, ses cheveux, son corps à proximité du
mien. C'était si bon de sentir ce manque-là. À mon retour, un soir, on
a travaillé très tard, et avant de partir, dans le portique, je l'ai
embrassée. C'est comme ça que ça a commencé. Est-ce que vous le
40 voyez, ce baiser-là, qui s'étire dans un portique humide ?

ÉLISA

Écoutez, je voudrais vous parler de quelque chose…

LE JEUNE HOMME

Répondez-moi. Est-ce que vous le sentez sur votre bouche le plaisir de ce baiser-là ?

ÉLISA, *touchant ses lèvres.*

Oui, oui, je le sens, mais…

LE JEUNE HOMME

45 Je l'aimais comme un fou, vous comprenez ? Mais elle avait quelqu'un d'autre. On a été ensemble, puis elle m'a quitté, puis on s'est retrouvés, puis elle est encore partie. Une fois, je lui ai écrit une lettre de soixante-quatre pages ! Est-ce que vous les visualisez, les soixante-quatre feuilles remplies de ma petite écriture serrée, et puis ma peau
50 qui suinte pendant que j'écris, est-ce que vous la voyez ?

ÉLISA

Oui, mais justement, à propos de la peau. Je voudrais vous demander quelque chose… (*Élisa se tourne vers le public.*) Si vous étiez cette femme-là, avec un jeune homme qui vous parle de ses soixante-quatre pages d'amour bien serrées, pendant que vous essayez de lui
55 montrer votre peau, je suppose que vous auriez crié : Écoutez-moi ! Je m'en fous de votre baiser dans un portique et de votre lettre désespérée ! Écoutez-moi ! C'est ce qu'il fallait faire, probablement. Mais moi, je ne sais pas pourquoi, j'ai continué à l'écouter.

LE JEUNE HOMME

Un jour, un de mes amis s'est marié. C'était pas très longtemps après
60 les soixante-quatre pages. On ne se voyait plus depuis un bon moment. Elle me manquait tellement, Louise. Mais ce n'était plus comme aux funérailles de mon père, un vide agréable, qu'on a envie de cultiver parce qu'il peut encore se combler. C'était un trou, dans ma poitrine, juste ici. On aurait pu voir la ville à travers moi. Est-ce
65 que vous l'imaginez, ma poitrine percée, et les arbres, les édifices, la vie, de l'autre côté ?

ÉLISA

Oui, je la vois bien… votre poitrine…

LE JEUNE HOMME

Au mariage de mon ami, on fait la photo traditionnelle sur le balcon
de l'hôtel de ville. Vous savez, tout le monde autour des nouveaux
70 époux qui sourient aux anges. Devant nous, en bas, sur la Grand-
Place [1], il y avait un autre mariage. Des gens à moto. Le photographe
a pris du recul, il a fait clic, puis on est allés fêter. Plusieurs jours après,
mon ami m'a montré les clichés. C'est alors que je l'ai vue. Elle était
là, je vous jure qu'elle était là, sur la photo, au milieu du mariage à
75 moto. Le photographe avait pris les deux groupes, vous comprenez?
Est-ce que vous les voyez mes mains qui tremblent quand je la vois, à
trois centimètres de moi? Est-ce que vous avez comme moi la tête qui
tourne… est-ce que… Excusez-moi.
(*Il s'arrête, il regarde ses mains, les tâte.*)

80 (*Élisa se tourne vers le public.*)

ÉLISA

Si le jeune homme qui vous raconte fébrilement comment il a frôlé sa
bien-aimée dans l'œil d'un photographe, si ce jeune homme, ému,
s'était arrêté tout à coup de parler, je suppose que vous en auriez pro-
fité pour vous éclipser et le laisser là, avec ses soixante-quatre pages de
85 passion fiévreuse et de larmes salées. Moi, je suis restée, et j'ai parlé.
J'avais tellement besoin de parler. (*Élisa se tourne vers le jeune
homme.*) C'est triste, votre histoire, mais moi je… Il m'arrive quelque
chose de beaucoup plus terrible. Écoutez-moi, je vous en prie. (*Un
temps.*) Ça a commencé un matin, il n'y a pas très longtemps. J'avais
90 mis mon chandail rouge, celui qui est ajusté et un peu échancré à l'en-
colure, puis je me suis regardée dans le miroir. Pour vérifier. C'est un
chandail que je mets quand j'ai un corps, vous voyez? Quand j'ai seulement une tête, je mets des blouses noires, ou grises, je mettrais un
drap si je le pouvais, n'importe quoi. Vous comprenez?

LE JEUNE HOMME

95 Oui, oui, je comprends.

---

1. La Grand-Place: place centrale de Bruxelles, mondialement célèbre pour ses trésors architecturaux.

ÉLISA

Alors, je me suis regardée, pour savoir si j'avais bien un corps, et c'est
là que j'ai vu... Pendant la nuit, il s'était passé quelque chose avec
ma peau. Comment dire... J'en avais plus. Sur le cou, autour de la
bouche, autour des yeux, ma peau avait poussé pendant la nuit, vous
100 comprenez? Au début j'ai pensé: C'est rien, un petit virus peut-être,
ça va se replacer. Mais, le lendemain, il y en avait un peu plus. Et
depuis, chaque jour un peu plus. Regardez mon cou. Je vous jure qu'il
n'était pas comme ça il y a un mois. Regardez. On peut prendre la
peau entre ses doigts. (*Elle met la main du jeune homme sur son cou.*)
105 Et puis mes coudes, touchez-les. Vous voyez bien qu'il y a trop de peau
sur mes coudes.
(*Elle met les mains du jeune homme sur ses coudes.*)

LE JEUNE HOMME

Oui, vous avez raison, il y en a trop.

ÉLISA

J'ai peur, vous comprenez?

LE JEUNE HOMME

110 Oui, je comprends exactement ce que vous ressentez.

ÉLISA

Non, je suis sûre que vous ne comprenez pas vraiment. J'ai peur
qu'elle n'arrête plus jamais de pousser. Qu'il y en ait tellement qu'elle
se mette à pendre de mon cou, de mes bras, de mon ventre jusqu'à
terre. J'ai peur de ne plus pouvoir me lever un matin parce qu'elle
115 pèse trop lourd, avec tous ses plis, de devoir rester couchée, écrasée
par son poids. J'ai peur qu'on ne me voie plus moi, mais seulement
ma peau qui se répand.

LE JEUNE HOMME

Oui je sais tout ça.

ÉLISA

Mais non, vous ne savez rien du tout. J'ai lu toutes sortes de revues
120 pour savoir si on pouvait faire quelque chose. J'ai trouvé un article qui
disait qu'on pouvait percer des trous sur le ventre, les bras, les jambes,

les joues, et rentrer la peau à l'intérieur, par les petites incisions.
Comme les bouts de laine qui dépassent d'un tricot, vous voyez ? On
les fait passer à l'envers entre deux mailles et on ne les voit plus. Mais
125 moi, je n'en veux pas de toute cette peau à l'intérieur de moi. J'ai peur
qu'elle prenne trop de place, qu'elle pourrisse en dedans, qu'elle fasse
une petite montagne entre mon cœur et moi, qu'elle l'enveloppe si
bien que je ne l'entende plus. J'ai peur de ne plus savoir si j'ai le cœur
qui bat quand je sens les mains d'un homme sur moi. Est-ce que vous
130 comprenez ? Je ne veux pas que ma peau s'empile à l'intérieur de moi.
Mais qu'est-ce que je peux faire ? Je n'en peux plus de la regarder
pousser. (*Elle se tourne vers le public.*) Si vous aviez osé dire une chose
pareille à un jeune homme qui ne vous connaît pas, je suppose que
vous auriez eu honte et que vous seriez parti tout de suite en oubliant
135 votre manteau, votre sac, et votre dignité sur la chaise du café. Moi, je
ne suis pas partie. J'avais honte, pourtant, je vous le jure, mais je n'arrivais pas à bouger mes pieds. Je suis restée là, à attendre je ne sais trop
quoi ; qu'il me console peut-être, ou bien qu'il se moque de moi. Mais
jamais je n'aurais cru qu'il allait me dire ce qu'il m'a dit. Il a d'abord
140 pris mes mains dans les siennes.

(*Le jeune homme prend ses mains.*)

Le jeune homme
Moi je sais.

Élisa
Quoi ? Qu'est-ce que vous savez ?

Le jeune homme
Je sais ce qu'il faut faire pour votre peau.

Élisa
145 C'est vrai ? Dites-le moi, je vous en prie. Dites-moi ce que vous savez.

Le jeune homme
Bon. Mais il faut m'écouter jusqu'au bout, sans protester.

Élisa
Oui, oui, je vais vous écouter.

LE JEUNE HOMME

Sans dire une seule fois que c'est insensé.

ÉLISA

Oui, sans dire que c'est insensé, je vous le promets. (*Élisa se tourne*
150 *vers le public.*) Alors, il est venu près de moi, vraiment tout près. Il a
poussé mes cheveux puis il a approché sa bouche de mon oreille. (*Le
jeune homme approche sa bouche de son oreille.*) Et il s'est mis à parler.
(*Le jeune homme parle à son oreille.*) Il a dit que… il a dit qu'il fallait
que je raconte des histoires d'amour. (*Élisa, incrédule, regarde le jeune*
155 *homme. Il replace sa tête et continue de lui parler à l'oreille.*) Il a dit : des
choses qui sont arrivées pour de vrai, qui donnent des frissons quand
on les raconte. (*Elle se tourne de nouveau vers le jeune homme, comme
pour protester ou poser une question. Il lui met la main sur la bouche,
tourne sa tête et continue de lui parler.*) Il a dit : les souvenirs amou-
160 reux, quand ils montent de l'intérieur, quand ils passent dans la gorge
et dans la bouche, ils dégagent une espèce de substance qui se répand
dans la peau et l'empêche de pousser. Là, j'ai voulu crier : C'est
insensé, voyons ! Mais je me suis arrêtée. J'avais promis. (*Le jeune
homme lui parle à l'oreille.*) Il a dit : Il faut raconter avec beaucoup de
165 précision, décrire les lieux, l'ambiance, il faut faire surgir des images ;
il faut que ceux qui écoutent aient des frissons. Puis il faut insister sur
les petites choses du corps, la sueur, le frémissement, le sang qui bat.
Ce sont ces détails-là qui activent la substance. Je sentais son souffle
dans mon oreille. Je ne peux pas vous dire ce que ça me faisait. Puis il
170 a approché sa bouche encore plus près. (*Le jeune homme approche sa
bouche.*) Je… (*Elle est troublée.*) Il parlait tellement bas… Je n'entendais pas tout. Seulement des petits bouts. Il a parlé de lui, il me
semble, de sa peau à lui. Il a dit… Je pourrais presque jurer qu'il a dit
qu'il avait eu peur lui aussi. Il a dit que ça lui était arrivé, qu'elle avait
175 déjà poussé, sa peau, et il a ajouté… Je pourrais presque jurer qu'il a
ajouté : C'est pour ça que je raconte chaque jour des histoires
d'amour dans les cafés… Puis il a pris ma main et il l'a posée sur lui.
(*Le jeune homme prend la main d'Élisa et la met sur son cou, sa poitrine, son visage.*) Comme pour me montrer qu'elle allait bien, sa
180 peau. Qu'il en avait juste assez. C'était si bon d'avoir ma main sur lui.

Ça me calmait. J'aurais voulu la laisser là tout le temps, marcher, bouger, dormir avec ma main sur la peau de son cou, de ses joues. Mais ça n'a pas duré.

(*Le jeune homme replace la main d'Élisa sur la table et retourne s'asseoir*
185 *en face d'elle.*)

LE JEUNE HOMME
Voilà. C'est ça qu'il faut faire. C'est pas compliqué. Vous pouvez le faire n'importe où, avec n'importe qui.
(*Le jeune homme se lève et s'apprête à partir.*)

ÉLISA
Attendez! Je… Je ne pourrai jamais… Je n'ai pas assez de souvenirs
190 pour ça.

LE JEUNE HOMME
Tout le monde a des souvenirs.

ÉLISA
Oui, mais moi, je… C'est vrai, il m'est arrivé des histoires, mais je ne sais même pas si c'était vraiment de l'amour, vous comprenez? Et puis, les détails, je les ai oubliés.

LE JEUNE HOMME
195 Alors prenez ceux des autres.

ÉLISA
Comment ça, ceux des autres?

LE JEUNE HOMME
Les autres, vos amis, des gens dans la rue, n'importe qui. Écoutez-les et puis prenez leurs mots, leur émoi, leur cœur battant. Faites comme s'ils étaient à vous.
200 (*Le jeune homme s'éloigne.*)

ÉLISA
Vous pensez? Vous croyez vraiment que ça peut marcher? Attendez!

Un phénomène apparenté à cette dramaturgie plus narrative se manifeste également pendant la décennie 1990-2000. Créés en décembre 1994 sur l'initiative d'Yvan Bienvenue et de Stéphane Jacques, les *Contes urbains* offrent au public une suite d'histoires ayant pour cadre spatiotemporel la ville et le temps des fêtes. Forts de leur succès, les *Contes* reviendront occuper la scène de La Licorne, à Montréal, les trois années suivantes. En 1997, Bienvenue et Jacques, désirant se concentrer sur d'autres projets, annoncent qu'il s'agit de la dernière mouture. Toutefois, après une relâche d'une saison, les *Contes* sont de retour en décembre 1999 pour le plus grand bonheur du public qui en apprécie de plus en plus le concept. Devenus depuis une véritable tradition de Noël, les *Contes urbains* rassemblent les histoires de plusieurs auteurs, généralement écrites expressément pour l'occasion. Parfois sombres, souvent drôles, les récits rappellent, non sans une certaine nostalgie, l'époque où la littérature québécoise se transmettait oralement, d'une génération à l'autre, par des histoires de loups-garous et de canots volants. Cependant, leur contenu, ancré en territoire urbain, s'éloigne des canevas traditionnels, tout en conservant un aspect magique ou surnaturel.

Les années 1990 voient aussi plusieurs adaptations de grands récits, voire de romans, au théâtre. On peut penser notamment à celle livrée par Alexis Martin et Dominic Champagne de *L'Odyssée* d'Homère sur la scène du Théâtre du Nouveau Monde en 2000. Plus récemment, à l'automne 2007, Martin présentait, toujours au TNM, l'autre grande épopée d'Homère, *L'Iliade*. Ce ne sont là que quelques exemples d'une tendance grandissante du théâtre québécois à se nourrir des chefs-d'œuvre de la littérature universelle.

On note ainsi une tendance vers un théâtre de plus en plus narratif. Le dialogue, à la base de la définition du théâtre, cède lentement la place à des monologues entrecroisés, voire à de véritables exposés pris en charge par un seul acteur. Le théâtre dont l'action se déroulait toujours dans un *ici, maintenant* se transporte peu à peu vers l'évocation d'un *là-bas, hier*. De plus en plus de pièces proposent des histoires où tout est joué à l'avance : lorsque s'ouvre le spectacle, l'action est déjà terminée, et le personnage se trouve sur scène pour *raconter* ce qui lui est arrivé ou encore ce dont il a été témoin.

Dans cette veine d'un théâtre où tout a déjà été joué s'insère la pièce *Cendres de cailloux*, de Daniel Danis. Clermont, Pascale, Shirley et Coco racontent sur scène un drame : celui de la mort d'Éléonore, la femme de Clermont et la mère de Pascale. Mais il ne s'agit là que de la prémisse, car la pièce relate surtout la reconstruction intérieure du personnage de Clermont, brisé par l'assassinat gratuit de sa femme. Elle se fera métaphoriquement par la restauration d'une vieille maison dans laquelle s'installeront le père et sa fille, dans le rang d'un petit village éloigné de la métropole, où se sont déroulés les évènements tragiques. Les nouveaux venus font la rencontre de Shirley et de sa bande de jeunes désœuvrés : Coco, Flagos, Dédé et Grenouille. D'abord enfermé dans un mutisme obstiné, Clermont ne se laisse pas approcher par Shirley, la fille dure qui devient soudainement tendre sous l'effet du coup de foudre. Elle réussira, à pas de louve et avec l'aide de Pascale, à conquérir le cœur de celui que tout le village appelle Caillou, à cause de son silence et de son entêtement à vider la cave de la maison remplie de roches.

Les quatre personnages se retrouvent donc sur la même scène à raconter, tour à tour, la même histoire. Ils rapportent parfois les paroles des autres, cependant ils ne se parlent jamais. La pièce revêt ainsi un caractère narratif important. L'une des premières mises en scène de ce texte[1] est particulièrement évocatrice à cet égard. Plongé dans le noir total, le public n'entend que la voix des comédiens et le bruit de leurs périlleux déplacements. Ce choix artistique porte toute l'attention des spectateurs sur la parole, donc sur le texte lui-même, sans jamais l'appuyer par les effets visuels générés par le décor, l'éclairage et le jeu des acteurs. Par ailleurs, le fait de décrire les évènements du passé plutôt que de les faire revivre accentue la subjectivité de la mémoire. Tous les personnages ont vécu le même drame, mais chacun a sa vision des choses et, surtout, une façon bien à lui d'y réagir.

---

1. Mise en scène de Dominik Bédard, Théâtre La Rubrique, Jonquière, octobre 1993.

Daniel DANIS
(né en 1962)

Cendres de cailloux
(1993)

La langue de la rage

PASCALE

Coco voulait pas qu'on regarde.
Shirley était morte
brûlée vive.
5 Mon père est redevenu fou.
Ses yeux fixaient le vide
comme au-delà de la colère.
Vidés.

En arrivant à la maison
10 je l'ai aidé à enlever ses vêtements souillés.
Il ressemblait à un bébé paralysé
dans un bain chaud.

Quand on est revenus ici
Clermont ne dormait pas la nuit.
15 Il se levait pour lire.
Un rendez-vous chez un médecin à Québec
une petite quantité de somnifères.
Il en restait.

Pendant deux nuits
20 il a dormi profondément.
Le jour sans manger
sans parler.

Les quatre gars sont venus
chacun à tour de rôle.

25 Ils ont presque pas parlé.
Des petites phrases :
« Shirley était extraordinaire
… une femme de même.
Clermont, on sait pas
30 comment tu vas t'en sortir.
On sera toujours là si t'as besoin.
On pense qu'a t'aimait
comme a l'a jamais aimé personne. »

Clermont bougeait pas.
35 Absent.

Deux jours morts.
Deux jours à tuer le temps
avant l'enterrement.

Le troisième jour
40 je lui demande :
« Clermont, veux-tu qu'on parte
rejoindre les autres pour les funérailles ? »

Il était midi
Coco devait venir nous chercher à dix heures
45 pour passer les derniers moments ensemble
avant le service de l'après-midi.
On avait pas eu de ses nouvelles.
J'ai téléphoné, pas de réponse.
J'ose pas partir, laisser Clermont
50 dans cet état-là.

(*Elle crie.*)

« Câlice de crisse de tabarnaque de câlice.
C'est toujours les filles qui ramassent les gars.
Secoue-toi, crisse de larve.

55 À moi, tu me demandes pas comment je file.
Lève-toi, Clermont, on va aller en ville.
Je suis inquiète de ce qui se passe. »

CLERMONT

« Je veux pas y aller. »

PASCALE

Perdre sa femme une deuxième fois
60 on meurt pour de vrai.
J'avais peur de Clermont.
I était sur le 220 volts.

« Ben, si tu veux pas venir
j'y vas toute seule. »

CLERMONT

65 J'ai eu peur d'être seul.
Je me suis mis à bouder
comme un enfant gâté.

Je suis parti la rejoindre dans la voiture.
Elle conduisait.
70 Je me laissais transporter.
Mes mains entre les cuisses
pour les réchauffer.
Je grelottais même s'il faisait une chaleur
à faire fondre l'asphalte.

PASCALE

75 Aujourd'hui les obsèques.

J'avais la gorge serrée.
Pourquoi la vie est pas plus simple ?
On était fin juillet
je commençais l'école dans un mois.
80 Quelle sorte d'année on va passer ?

Je conduis.

Pour aller en ville
faut passer sur le pont vert
qui chevauche la Rivière-aux-pierres.
85 Juste à côté du cimetière.
Clermont avait vu avant moi.

CLERMONT

Arrête-toi!

PASCALE

Quoi?

CLERMONT

Arrête-toi!

PASCALE

90 J'arrête la voiture sur le bord du chemin.
Je ne sais pas ce qui s'est passé dans sa tête
mais il a explosé.

Bien à la vue
Flagos, Coco, Dédé, Grenouille
95 prenaient une bière dans le cimetière.
Ils attendaient qu'on passe en voiture.
Assise dans l'herbe verte
Shirley attendait aussi.

Mon père a explosé
100 comme une bouteille sous pression
qu'on brasse pis qu'on jette au feu.

« Papa, arrête, viens-t'en, on s'en va »
que je lui criais en pleurant.
« Une écœuranterie, une écœuranterie. »

CLERMONT

105 Je leur garrochais des roches du chemin.
Je voulais que les fantômes disparaissent.
J'avais peur de ce que je voyais.

Les gars me lançaient leurs bouteilles de bière vides.
On s'atteignait pas.
110 On se garrochait des mots.
J'entendais rien.
Shirley essayait de se sauver.
Coco la retenait.
Elle s'en venait vers moi.

115 Un courant électrique
m'a coupé la tête en deux.

On est repartis chez nous.

PASCALE

Sur le bord du garde-fou
sa bouche écumait parce qu'il criait
120 des mots dans une autre langue
sa langue de rage.

J'ai vu la maudite vache
qui voulait se déprendre de Coco.
Ils se gueulaient dans le nez.
125 À mon père, je lui criais de partir.
« C'est une crisse de salope. »

SHIRLEY

Je hurlais à Coco de me laisser
que j'avais tenu ma parole
que le jeu se terminait là
130 que c'était pour toujours
que ma vie recommençait.
Je criais, il entendait pas.

Je lui ai donné un coup de pied
à la bonne place.
135 Il a crampé [1] là.

COCO, *criant.*

Shirley! Si tu pars
je le fais une fois pour toutes
j'vas le sacrer, mon camp.

PASCALE

Quand Clermont a vu venir Shirley vers nous.

CLERMONT

140 « Monte dans 'voiture, on retourne chez nous. »

PASCALE

Demi-tour sur la route, devant le pont vert.
J'ai vu Shirley dans le rétroviseur.
Elle courait dans la poussière.

Pourquoi la vie est pas plus simple?

COCO

145 Shirley!
Shirley!

Maman!
Maman!

CLERMONT

J'ai peur de moi.
150 J'ai peur.
Il y a sept ans, j'arrivais avec ma fille
ici, ici, ici
et c'est ici que tout bascule.

Je dis comme toi, Shirley.
155 Je dis comme toi, toi, toi

---

1. Il a crampé : il a plié de douleur.

si on demande pas à une femme
pourquoi elle aime un gars plus qu'un autre
on demande pas plus à un homme
pourquoi il met le feu à sa maison
160 pourquoi il détruit tout autour
quand il se fait démolir.
C'est comme ça.
J'ai peur
peur.
165 Je
ne
veux
plus
rien
170 voir.
Rien
voir.

PASCALE

Avec un bidon d'essence
il a mis le feu à la véranda
175 en arrière de la maison.
Je suis montée dans ma chambre.

CLERMONT

Rien
voir.

COCO

Shirley !

PASCALE

180 J'ai jeté par la fenêtre
toutes mes affaires personnelles
je criais, je braillais.

Clermont est venu me chercher.
Il m'a sortie par les jambes.

185 Je hurlais, je savais plus parler.
　　J'étais sans mot.
　　J'aurais voulu lui dire
　　de sortir les choses importantes au moins.

Coco

Shirley!

Pascale

190 Quand Shirley est arrivée exténuée
　　la cuisine d'été flambait à pleine fournée.
　　Un mur noir bloquait le ciel bleu.
　　C'est M. Plamondon du rang des Corneilles
　　qui a averti les pompiers.
195 C'était trop tard
　　la maison allait toute y passer.

Coco

Shirley!

　　Avec mon fusil de chasse
　　j'ai fait comme ça.
200 Tirer une balle dans le sol
　　pour y faire un trou.
　　Comme ça vers le ciel
　　pour y percer un trou
　　au cas où j'aurais une âme.

205 J'ai fait comme ça
　　vers la tête
　　pour m'aérer le coco.

　　Flagos était là, i me criait de loin
　　parce qu'il avait peur que je le vise aussi.

210 «Coco, Coco
　　la vie vaut pas assez la peine
　　que tu meures pour elle.

On est des amis
on va se tenir.
215 La planète est en train de vivre
un mauvais quart d'heure.
Tiens bon, Coco
les temps nouveaux arrivent.
C'est toujours comme ça dans les fins de siècle. »

220 Maman !

(*Coco se tire une balle dans la tête.*
Un très long silence.)

PASCALE

Shirley arrive.
Je la vois venir toute floue dans mes yeux.
225 Je pleure parce que la maison brûle.

Clermont plante sa figure dans la terre
autour de l'arbre.
Un arbre que les deux amoureux
avaient placé là en juin.
230 Shirley hululait comme une chouette déplumée
comme un grand livre ouvert
à se traîner à quatre pattes sur l'herbe
pour se faire pardonner.

Je lui crie des mots :
235 « Une maudite vache, rien qu'une vache !
C'est ça que tu voulais, le tuer. »

Mon père arrache le petit arbre.
Il le fouette contre le sol
avec ses mains enragées.

240 La chouette déplumée dit à Clermont :
« Clermont, Clermont écoute, écoute.
Je voulais pas le faire.

À cause
à cause d'une parole à tenir
245 dans un seul bloc.
À la vie, à la mort.
C'est maintenant que tu dois me la donner
la preuve d'amour.
Je suis à toi pour le reste de ma vie.
250 Prends-moi, prends-moi. »

La chaleur intense, insupportable
fait se coucher mon père par terre.
Il place son avant-bras sur ses yeux.
Il est essoufflé, étourdi, sa bouche bave.
255 Il délire, il s'arrête.

Elle se rapproche de sa tête
à quatre pattes
elle tient ses cheveux derrière ses oreilles.
Elle lui parle
260 doucement
comme dans un livre ouvert.
Moi
j'entends que le crépitement de la maison
la maison rouge et noir.

SHIRLEY

265 Pars pas de moi
je te ferai revivre la terre.
On fera des choses que personne fait.
Je vais me coucher sur le sol
je vais parler à la terre
270 pour que les arbres repoussent en une nuit.
Demain, on les coupera
on en fera les planches de notre maison.
Je ferai vivre une forêt derrière notre maison.

PASCALE

Mon père ne se relève pas.

SHIRLEY

275 Caillou
Caillou, sauve-toi pas de moi.
Arrête-toi
je veux te dire
crier s'il le faut
280 pars pas, mon amour.
Pars pas.

PASCALE

Mon père ne se relève pas.

SHIRLEY

Je te redonnerai une langue.
On fera des choses que personne fait.
285 Le soir on fera monter la lune avec un soufflet.
Au matin, on fera lever le soleil avec des poulies
qu'on accrochera aux arbres de notre forêt.
On tirera fort pour lever le soleil.
Je te ferai sortir des enfants de mon ventre.
290 On les élèvera dans une échelle de bois.

PASCALE

Mon père ne se relève pas.

SHIRLEY

Pars pas, Caillou
ailleurs tu vas te perdre.
Je te veux.

295 Si tu pars
t'auras jamais ça de personne.
Je te connais, tu vas te perdre.
On bâtira une maison
on dormira dans un lit
300 on mangera à une table.

Je te prends dans mes bras.
Laisse-toi faire.

Laisse-toi faire.
Je suis libre maintenant.
305 C'est fini.

PASCALE

Mon père ne se relèvera pas.

(*Un très long silence.*)

J'ai dix-huit ans maintenant.
Je reviens voir les décombres de la maison.
310 Tout s'est passé si vite
si vite.

Il y a quelques semaines
mon père était là-bas
couché sur la pelouse verte.
315 Il venait de mettre le feu
à sa deuxième peau.

Il ne se relèvera plus.
Une bouteille en mille éclats.

Il faisait si chaud.
320 Les pompiers habillés en jaune
le camion rouge feu.
J'suis allée retrouver
Shirley et Clermont.
Là, j'ai perdu connaissance.

325 J'ai vu s'élever de leurs deux corps
leurs cœurs qui venaient au-dessus de mon visage.
Tout d'un coup
le cœur de mon père
s'est mis à tourner sur lui-même
330 comme étourdi, perdu.
Un cœur perdant le nord.
Celui de Shirley s'agitait autour
pour le consoler.

Puis je revois les cœurs
335 redescendre dans leurs corps.

Puis, le cœur d'Éléonore est apparu
« Maman ! Maman !
Qu'est-ce que je vais devenir ?
Console-moi
340 console-moi. »

Elle m'a parlé en prenant ma voix :
« Pascale, un jour tu te sentiras forte.
Tu iras dans un champ
tu arracheras le ciel
345 le traîneras dans la rivière.
Tu iras ensuite aux montagnes
les jetteras dans la boue.
Ensuite
tu déchireras la terre avec tes dents.
350 Épuisée de fatigue
couchée dans le rien
tu feras ton nid.
Tranquille.
Tranquille. »

355 Ma voix s'est mêlée à celle de Shirley qui pleurait
en m'essuyant le visage avec ses mains.
Mon père demeurera perdu en lui.

Il ne s'est jamais relevé.
Perdu en lui, absent du monde.

360 Tout s'est passé si vite.

J'ai dix-huit ans maintenant.
Je pars ailleurs.

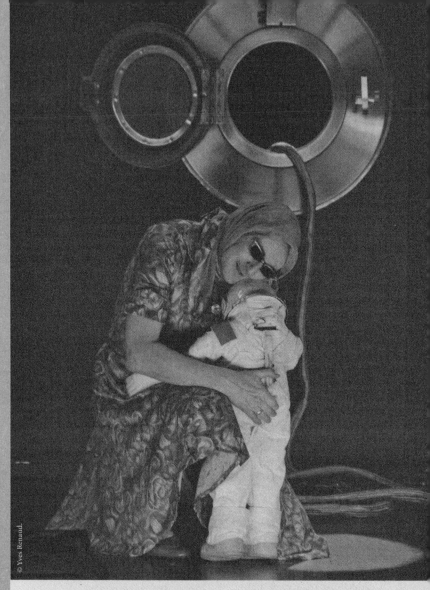

La Face cachée de la Lune de Robert Lepage.

Théâtre du Nouveau Monde, 2003.
Mise en scène de Robert Lepage.

Un théâtre ouvert sur le monde

UN THÉÂTRE OUVERT SUR LE MONDE

Un siècle se dessine

Le début du XXIe siècle est celui des technologies, des communications, de l'information et de la mondialisation. Le passage au nouveau millénaire s'est fait sous la menace du bogue de l'an 2000[1]; depuis, la place qu'occupe l'informatique ne cesse de croître. Tout naturellement, les dernières années ont vu le nombre d'ordinateurs portables et de connexions Internet décupler. Les téléphones cellulaires pullulent et facilitent la communication, au point de la banaliser. Les informations, quelle qu'en soit la nature, sont diffusées dans le monde entier à une vitesse phénoménale, à un point tel qu'elles sont difficilement quantifiables. La mondialisation implique des échanges économiques et politiques, mais aussi humains et culturels. Elle pousse à une ouverture à l'autre, tout en appelant à une réflexion sur soi-même. Les premières années de ce siècle sont aussi celles des préoccupations environnementales, de la guerre et du terrorisme. Les sociétés prennent lentement conscience des effets dévastateurs de leur consommation effrénée sur l'environnement et de la nécessité de mettre en œuvre différents moyens afin de sauver la planète. Paradoxalement, les nombreuses guerres interethniques et les attentats du 11 septembre 2001 laissent croire que la barbarie humaine est sans limites.

PARCOURIR SES ORIGINES

C'est dans ce climat d'ouverture au monde et à l'autre, dans ce contexte de violence et de guerre, qu'émerge la parole de Wajdi Mouawad. Né au Liban, il vit quelques années en France avant d'émigrer au Québec, à 14 ans. Comédien, metteur en scène, auteur, directeur de troupe et dramaturge, Mouawad signe des mises en scène et des adaptations pour les plus importants théâtres de la province, dont

---

1. On appréhendait que le changement de date (passage de 99 à 00) dans les systèmes informatiques, à l'arrivée de l'an 2000, occasionne de nombreux dysfonctionnements. En réalité, le tout s'est fait sans trop de problèmes, nécessitant dans de rares cas l'intervention de techniciens.

Don Quichotte[1], *Trainspotting*[2] et *Les Trois Sœurs*[3]. En 1997, il présente la première partie d'une tétralogie, *Littoral*, qui sera suivie d'*Incendies* en 2003, de *Forêts* en 2006 et de *Ciel*, prévue pour 2009.

Littoral met en scène Wilfrid, orphelin de mère à la naissance, qui apprend la mort de son père, qu'il n'a jamais connu. C'est à la lecture de lettres écrites par ce dernier mais jamais envoyées que le fils le découvre. En voyageant avec sa dépouille qu'il souhaite enterrer au pays de ses ancêtres, Wilfrid se révèle aussi à lui-même. La pièce, traduite en anglais, en espagnol et en russe, a été adaptée pour le cinéma et réalisée par l'auteur en 2004. *Forêts* raconte l'histoire de Loup, une jeune fille qui, afin d'honorer la mémoire de sa mère qui vient de mourir, fait un retour sur ses origines. Elle rencontre sa grand-mère maternelle, une Européenne adoptée par une famille québécoise alors qu'elle était encore bébé. Loup se lancera ensuite sur les traces de ses aïeules.

Dans *Incendies*, le notaire Hermile Lebel fait part à Jeanne et Simon Marwan, des jumeaux, des dernières volontés de Nawal, leur mère, qui les conduiront au secret de leur origine. Jeanne et Simon reçoivent chacun une lettre de leur mère qui leur demande de se rendre dans son pays natal pour remettre ces lettres à leur père, qu'ils croyaient mort, et à leur frère, jusqu'alors inconnu d'eux. Le voyage initiatique qu'ils entreprennent leur permettra de retracer le fil de l'existence de leur mère, qui a connu l'emprisonnement et les traumatismes de la guerre civile, et les dévoilera à eux-mêmes. Dans *Incendies* comme dans *Littoral* et *Forêts*, Mouawad explore, dans un univers souvent très poétique, un thème récurrent : la filiation paternelle ou maternelle. L'héritage légué par le parent décédé apporte à l'enfant, qu'il le veuille ou non, un bagage qui lui permettra de forger sa propre identité à partir de la découverte de celle de ses ancêtres. Jouant sur la temporalité, Mouawad juxtapose, dans *Incendies*, le récit du périple des enfants à celui de la jeunesse de Nawal, alors qu'elle parcourt les routes de son pays natal. Nawal vit la réalité de la guerre civile, tandis que Jeanne et Simon prennent conscience de ses conséquences. À la

1. En collaboration avec Dominic Champagne, TNM, 1998.
2. Théâtre de Quat'Sous, 1998.
3. Théâtre du Trident, 2002.

présentation d'*Incendies* en 2006 au TNM, Wajdi Mouawad a créé un fonds spécial pour permettre à des auteurs libanais et israéliens d'écrire sur la guerre qui a opposé les deux pays en 2006.

Wajdi MOUAWAD
(né en 1968)

Incendies
(2003)

36. Lettre au père

(Jeanne donne l'enveloppe à Nihad. Nihad ouvre l'enveloppe. Nawal (65 ans) lit.)

NAWAL

Ma lettre ne vous étonnera pas.

5   Elle est pleine de ce terrifiant petit ennui dont vous avez parlé lors de votre procès

Celui-là même qui vous a poussé à faire du corps de vos victimes

Une cour de récréation.

Je vous écris en tremblant.

10   Les mots, je les voudrais enfoncés dans votre cœur de bourreau.

J'appuie sur mon crayon et j'y inscris chaque lettre

En ayant en mémoire les noms de tous ceux qui ont expiré sous vos mains.

Ma lettre ne vous étonnera pas.

15   Elle n'est là que pour vous dire : Voilà :

Votre fille et votre fils sont en face de vous.

Les enfants que nous avons eus ensemble sont devant vous.

Que leur direz-vous ? Leur chanterez-vous une chanson ?

Ils savent qui vous êtes.

20   Jannaane et Sarwane.

Tous deux fils et fille du bourreau et nés de l'horreur.

Regardez-les.

Ils sont brûlés.

Enflammés par la vérité que vous êtes à leurs yeux.
25 La lettre vous a été remise par votre fille.
Jeanne et Jannaane sont ses prénoms.
À travers elle, je veux vous dire que vous êtes encore vivant.
Bientôt vous vous tairez
Je le sais.
30 Le silence est pour tous devant la vérité.

La femme qui chante
Pute n° 72 à la prison de Kfar Rayat.

(*Nihad finit la lecture de la lettre. Il regarde Jeanne et Simon. Il déchire la lettre.*)

35 **37. Lettre au fils**

(*Simon donne son enveloppe à Nihad, qui l'ouvre.*)

NAWAL

Je t'ai cherché partout.
Là bas, ici, n'importe où.
Je t'ai cherché sous la pluie,
40 Je t'ai cherché au soleil
Au fond des bois
Au creux des vallées
En haut des montagnes
Dans les villes les plus sombres
45 Dans les rues les plus sombres
Je t'ai cherché au sud,
Au nord,
À l'est,
À l'ouest.
50 Je t'ai cherché en creusant sous la terre pour y enterrer mes amis morts,
Je t'ai cherché en regardant le ciel,
Je t'ai cherché au milieu des nuées d'oiseaux
Car tu étais un oiseau.
55 Et qu'y a-t-il de plus beau qu'un oiseau,

Qu'un oiseau plein d'une inflation solaire ?
Qu'y a-t-il de plus seul qu'un oiseau,
Qu'un oiseau seul au milieu des tempêtes
Portant aux confins du jour son étrange destin ?
60 À l'instant, tu étais l'horreur.
À l'instant, tu es devenu le bonheur.
Horreur et bonheur.
Le silence dans ma gorge.
Tu doutes ?
65 Laisse-moi te dire.
Tu t'es levé et tu as sorti ce petit objet,
Si ridicule et si ancien,
Objet de l'enfance,
Des rires dans la forêt,
70 De l'amour,
Objet du destin.
Ce petit nez de clown.
Et ma mémoire a explosé,
Elle a explosé :
75 Ne tremble pas.
Ne prends pas froid.
Ces sont des mots anciens qui viennent du plus loin de mes
souvenirs.
Des mots que je t'ai si souvent murmurés.
80 Dans ma cellule,
Je te racontais ton père.
Je te racontais son visage,
Je te racontais ma promesse faite au jour de ta naissance.
Quoi qu'il arrive je t'aimerai toujours,
85 Quoi qu'il arrive je t'aimerai toujours
Sans savoir qu'au même instant, nous étions toi et moi dans notre
défaite
Puisque je te haïssais de toute mon âme.
Mais là où il y a de l'amour, il ne peut y avoir de haine.
90 Et pour préserver l'amour, aveuglément j'ai choisi de me taire.
Une louve défend toujours ses petits.

Tu as devant toi Jeanne et Simon.

Tous deux tes frère et sœur

Et puisque tu es né de l'amour,

95 Ils sont frère et sœur de l'amour.

Écoute

Cette lettre je l'écris avec la fraîcheur du soir.

Elle t'apprendra que la femme qui chante était ta mère

Peut-être que toi aussi te tairas-tu.

100 Alors sois patient.

Je parle au fils, car je ne parle pas au bourreau.

Sois patient.

Au-delà du silence,

Il y a le bonheur d'être ensemble.

105 Rien n'est plus beau que d'être ensemble.

Car telles étaient les dernières paroles de ton père.

Ta mère.

(*Nihad finit de lire la lettre. Il se lève.*
Jeanne et Simon se lèvent et lui font face.
110 *Jeanne déchire toutes les pages de son carnet de notes.*)

38. Lettre aux jumeaux

(*Parc. Hermile Lebel. Jumeau, jumelle.*)

HERMILE LEBEL

Le temps se couvre. Il va pleuvoir, c'est sûr, c'est sûr, c'est sûr. Vous ne voulez pas rentrer? Remarquez, je vous comprends. À votre place je 115 ne rentrerais pas. C'est un beau parc par ici. Je venais souvent jouer au bingo avec ma mère avant. Ils ont détruit le bingo deux mois après qu'elle soit morte. Ils ont fait un parc à la place. C'est mieux qu'un puits de mazout. Elle est enterrée pas loin. Quand elle est morte, il neigeait. La neige, c'est comme la pluie, ça n'a jamais tué personne. Au 120 pire on prendra la bâche en plastique qui traîne là. Ça ne dérange pas. Dans son testament, votre mère vous réservait une lettre si vous vous acquittiez de ce qu'elle vous demandait. Vous vous en êtes acquittés grandement. Il va pleuvoir. Dans son pays il ne pleut jamais. On va rester ici. Ça va nous rafraîchir. Voici la lettre.

125 (*Simon ouvre l'enveloppe.*)

NAWAL

Simon,
Est-ce que tu pleures?
Si tu pleures ne sèche pas tes larmes
Car je ne sèche pas les miennes.
130 L'enfance est un couteau planté dans la gorge
Et tu as su le retirer.
À présent, il faut réapprendre à avaler sa salive.
C'est un geste parfois très courageux.
Avaler sa salive.
135 À présent, il faut reconstruire l'histoire.
L'histoire est en miettes.
Doucement
Consoler chaque morceau
Doucement
140 Guérir chaque souvenir
Doucement
Bercer chaque image.

Jeanne,
Est-ce que tu souris?
145 Si tu souris, ne retiens pas ton rire
Car je ne retiens pas le mien.
C'est le rire de la colère
Celui des femmes marchant côte à côte
Je t'aurais appelée Sawda
150 Mais ce prénom encore dans son épellation
Dans chacune de ses lettres
Est une blessure béante au fond de mon cœur.
Souris, Jeanne, souris
Ne laisse personne dire après ton passage
155 Voici qu'elle s'en va
La fille au regard grave
Elle ne fut pas généreuse
Son cœur est resté fermé

Souris,
160 Nous,
Notre famille,
Les femmes de notre famille sommes engluées dans la colère.
J'ai été en colère contre ma mère
Tout comme tu es en colère contre moi
165 Et tout comme ma mère fut en colère contre sa mère.
Il faut casser le fil.
Jeanne, Simon,
Où commence votre histoire ?
À votre naissance ?
170 Alors elle commence dans l'horreur.
À la naissance de votre père ?
Alors c'est une grande histoire d'amour.
Mais en remontant plus loin,
Peut-être que l'on découvrira que cette histoire d'amour
175 Prend sa source dans le sang, le viol,
Et qu'à son tour,
Le sanguinaire et le violeur
Tient son origine dans l'amour.
Alors,
180 Lorsque l'on vous demandera votre histoire,
Dites que votre histoire, son origine,
Remonte au jour où une jeune fille
Revint à son village natal pour y graver le nom de sa grand-mère
Nazira sur sa tombe.
185 Là commence l'histoire.
Jeanne, Simon,
Pourquoi ne pas vous avoir parlé ?
Il y a des vérités qui ne peuvent être révélées qu'à la condition d'être
découvertes.
190 Vous avez ouvert l'enveloppe, vous avez brisé le silence
Gravez mon nom sur la pierre
Et posez la pierre sur ma tombe.
Votre mère.

JEANNE

Simon, il reste une cassette de son silence. Écoute-la avec
195 moi.

(*Jeanne et Simon écoutent le silence de leur mère.*)

39. La dernière cassette

(*Il se met à pleuvoir.*
Hermile Lebel va chercher une bâche en plastique pour se couvrir avec
200 *eux de la pluie.*
Au-delà du silence, une voix leur parvient. Il pleut.)

Jeanne, Simon, Nihad,
Ce soir,
Comme la branche se libère de son fardeau d'hiver,
205 Je me suis sentie à nouveau libérée
Comme au temps ancien de l'enfance et du bonheur.
Wahab est en chemin.
Wahab n'est plus loin.
Mon grand amour est près de moi.
210 Il me trouvera.
Il arrive
Il me l'a promis.
Je l'ai su ce matin.
J'étais debout face à la fenêtre,
215 Celle qui donne sur la grand-route,
La grand-route au bout de laquelle on peut apercevoir une vapeur
Qui est parfois celle du soleil lorsque la lumière est de plomb,
Parfois celle de l'océan lorsque la lumière est de pluie.
J'étais debout,
220 Et tout à coup,
J'ai pensé au mot OCÉAN et j'ai éclaté en sanglots.
Je le jure
J'ai éclaté en sanglots avant de l'apercevoir,
lui,
225 Wahab,

Au bout du bout de la route,
Plein de la vapeur du soleil et de l'océan confondus.
Le grand amour est revenu, j'ai voulu crier.
Mais rien.
230 Le vent dans ma bouche.
Si vous l'aviez vu !
Il marchait de son pas unique,
Celui que je lui ai toujours connu,
Peut-être un peu plus fatigué,
235 Peut-être un peu plus las…
Et de nouveau,
J'ai perdu la mémoire ;
Pour quelques instants,
Pour un court instant,
240 Je ne savais plus ;
Et je croyais qu'il revenait d'une promenade
Me rejoindre au lieu-dit du rocher aux arbres blancs
Wahab, j'ai voulu crier,
Wahab
245 Mais, encore,
J'ai vu le mot OCÉAN éclater,
Et là,
Je l'ai reconnu,
Lui !
250 Et là,
Je l'ai revu,
Lui !
Et là je me suis souvenue du temps.
Et là, j'ai hurlé
255 Lui !
C'est Lui !
LuiLuiLuiLuiLuiLui !
Et il est revenu pour me voir moi,
MoiMoiMoiMoiMoi !
260 Il était devant moi,
Au milieu de la grande pièce,

Ici même,
Il était debout,
Comme un rayon de soleil,
265 Un amour adolescent,
Et il me regardait,
Et je l'ai regardé.
Wahab, j'ai dit, tu es revenu
Je te l'avais promis, il m'a répondu.
270 Sauve-moi, j'ai dit,
Maintenant que nous sommes tous ensemble,
Ça va mieux, il a répondu
Et je suis tombée par terre,
Plus bas encore,
275 Au creux même de l'océan,
C'est-à-dire au fond, au plus profond de mes larmes de bonheur.

(*Pluie torrentielle.*)

PARCOURIR LE MONDE

En ce nouveau millénaire, les différentes technologies qui s'offrent aux créateurs et l'ouverture des marchés révolutionnent la pratique théâtrale. Le contenu comme la forme, l'écriture comme la mise en scène se voient transformés par les possibilités innombrables et l'amalgame qu'en font les créateurs. Les pièces ne sont plus créées pour un public régional ou national, mais souvent conçues pour être adaptées partout dans le monde et parfois même produites à l'étranger avant d'être représentées ici.

Le très prolifique et polyvalent Robert Lepage, à la fois acteur, dramaturge, scénographe, metteur en scène et réalisateur, met pleinement à profit les moyens technologiques à sa disposition, bouleverse les codes du théâtre classique pour créer une œuvre originale et universelle, reconnue et applaudie de par le monde. Depuis le milieu des années 1980, Lepage produit des œuvres comme *La Trilogie des dragons* (1985), *Les Aiguilles et l'Opium* (1991), *La Face cachée de la Lune* (2000) ou *Le Projet Andersen* (2005) qu'il présente au Québec, mais aussi au

Japon, en Finlande, au Brésil ou en Nouvelle-Zélande. Reconnu internationalement pour l'originalité de sa démarche artistique, on l'invite à mettre en scène des opéras et des spectacles de musique (il a travaillé entre autres avec Peter Gabriel). Il prend part à une exposition au Musée national des beaux-arts du Québec et conçoit *KÀ*, un spectacle permanent du Cirque du Soleil à Las Vegas. Il donne une première fois dans le septième art en 1994, lorsqu'il scénarise et réalise *Le Confessionnal*, présenté l'année suivante à la Quinzaine des réalisateurs à Cannes. Il réalise par la suite *Le Polygraphe* (1996), *Nô* (1997) et *Possible Worlds* (2000), un long métrage en version originale anglaise, puis présente en 2003 une adaptation de sa pièce *La Face cachée de la Lune*.

Lorsqu'il crée en 1993 Ex Machina, une compagnie de création multidisciplinaire réunissant des comédiens, des auteurs, des scénographes, mais aussi des marionnettistes, des infographistes, des caméramans, des contorsionnistes, des acrobates et des musiciens, il souhaite provoquer des rencontres, donner lieu à un laboratoire théâtral. Héritier de la création collective des années 1970, Lepage laisse beaucoup de latitude aux créateurs qui l'entourent et qui participent à la genèse d'une œuvre. Avant l'existence d'Ex Machina, dans les années 1980, le metteur en scène œuvrait déjà de cette façon avec le Théâtre Repère. La base du processus de création pouvait être un simple objet ou un son, par exemple, à partir duquel des improvisations étaient élaborées, menant à des représentations publiques toujours en évolution. La façon de faire de Lepage ouvre de multiples avenues à ses collaborateurs, mais exige également beaucoup de leur part, une scène pouvant être totalement modifiée quelques heures avant une représentation. S'abreuvant à plusieurs sources, les œuvres de Lepage sont donc le fruit d'un métissage culturel et artistique dont le résultat se fait sentir jusque sur la scène.

La Face cachée de la Lune raconte en parallèle l'histoire de deux frères, Philippe et André, qui vivent une relation plutôt explosive depuis la mort de leur mère, et le voyage du cosmonaute russe Alexei Leonov à bord du vaisseau *Soyouz*. André, présentateur météo vedette, arrive mal à comprendre les choix de son frère Philippe, un doctorant qui se passionne pour l'espace et qui prépare une thèse sur le narcissisme

La Face cachée de la Lune de Robert Lepage.

Théâtre du Nouveau Monde, 2003.
Mise en scène de Robert Lepage.

comme élément déclencheur des recherches spatiales. Philippe décide un jour de participer à un concours annoncé à la télévision par l'institut SETI (*Search for Extra-Terrestrial Intelligence*), dont les gagnants verront leur vidéo maison traduite en code binaire puis envoyée dans l'espace. Ce spectacle, où les rôles des deux frères sont interprétés par un seul acteur, Robert Lepage lui-même, relève du tour de force. La mise en scène, très épurée, repose sur des projections vidéo et sur quelques accessoires dont l'usage change au gré des besoins : une planche à repasser se transforme en exerciseur, ou encore la vitre d'une machine à laver devient le hublot d'un vaisseau spatial.

Robert LEPAGE
(né en 1957)

La Face cachée de la Lune
(2000)

Tour guidé

(*Philippe réapparaît, tenant la caméra devant lui. Il se déplace derrière le mur dont quelques panneaux sont ouverts.*)

Alors, nous, les habitants de la Terre, quand on veut se pro-
5   téger des éléments extérieurs, on se réfugie dans ce qu'on appelle des maisons. Mais les gens moins fortunés, comme c'est le cas ici, se réfugient dans ce qu'on appelle des appartements loués. Alors ça, c'est le corridor de mon appartement loué. Je peux peut-être vous le faire visiter…

10   Alors, il y a une première pièce, ici, qu'on appelle le *living*, pour parler français. Disons qu'à l'époque, il y avait des familles entières qui habitaient dans des petits appartements comme le mien. Alors, ici, c'était l'endroit où ils se rassemblaient le soir après le travail, devant un feu de foyer. Ils se racontaient des his-
15   toires puis ils se racontaient leur journée. Évidemment, aujourd'hui, c'est la télévision qui a remplacé le feu de foyer, donc, c'est la télévision qui raconte les histoires, c'est la télévision qui raconte sa journée.

Ça, c'est ce qu'on appelle un sofa. C'est un meuble qui est
très pratique quand on a de la visite, alors, s'il vous vient l'idée
de me visiter dans un avenir prochain, c'est probablement là
que vous allez passer la nuit, donc, c'est un pensez-y-bien!

Parce que, voyez-vous, dans mon appartement, il y a une
seule chambre à coucher, donc, ça veut dire que, potentiel-
lement, il y a un seul lit, comme vous pouvez voir ici. Évidemment, il y a toutes sortes de lits. Des lits simples, des lits doubles,
des lits jumeaux… Et c'est pas parce qu'on dort dans un lit
simple que ça veut nécessairement dire qu'on est seul dans la
vie, puis c'est pas parce qu'on dort dans un lit double que ça
veut nécessairement dire qu'on fait partie d'un couple. Puis,
quand c'est des lits jumeaux, c'est assez rare que c'est parce
qu'on est des jumeaux, ça veut plutôt dire qu'on fait partie d'un
couple, mais qu'on regrette amèrement l'époque où on était
seul dans la vie.

Ça, c'est la cuisine. La cuisine est une pièce très importante,
parce que c'est ici qu'on prépare tous les éléments essentiels à
notre nutrition. Mais, habituellement, une cuisine, c'est pas mal
plus impressionnant que ça, parce qu'il y a toutes sortes d'ap-
pareils ménagers. Moi, le seul appareil ménager que j'ai, mais
qui est essentiel à mon alimentation, c'est le téléphone, parce
qu'il me permet de me faire livrer de la pizza et des mets chinois.
Il est très pratique pour le travail aussi, parce que comme je suis
encore aux études, il faut que je joigne les deux bouts, alors, les
fins de semaine, je fais un peu de sollicitation par téléphone.

Et puis au bout du corridor, ici, c'est les toilettes. Évidemment, on vous dira que c'est plus élégant d'appeler ça une salle
de bains, mais quand c'est petit et malpropre comme ça, parce
que ça n'a pas été refait depuis quarante ans, moi, j'appelle ça
des toilettes.

Alors, voilà, c'est à peu près tout. C'est ici que j'habite, que je
travaille. Évidemment, il y a toutes sortes de placards que
je vous montrerai pas parce que c'est sans intérêt. À part celui-
là, ici… Celui-là, je peux peut-être vous le montrer.

(*Il ouvre le placard.*)

55   C'est un placard qui contient toutes sortes de vêtements qui appartenaient à mes parents. Il y a des chemises et des vestons qui appartenaient à mon père, des robes qui appartenaient à ma mère… Une boîte à chapeau, une paire de souliers de femme…

(*Il sort du placard une paire de chaussures à talons hauts, qu'il dépose*
60 *par terre devant lui.*)

        Évidemment, à l'époque, ma mère en avait des dizaines et des dizaines parce que c'était une femme très élégante et c'était très important pour elle que chaque paire de souliers soit assortie à la robe qu'elle allait porter ce soir-là. Parce qu'elle sor-
65   tait beaucoup. C'était une femme très populaire, dotée d'une personnalité extraordinaire. Donc, elle se faisait inviter dans toutes sortes de galas et de cocktails. Mais ça, évidemment, c'était à l'époque où elle avait une vie sociale, parce que, quand mon père est décédé, il a fallu qu'elle se mette à travailler pour
70   nourrir ses enfants. Alors, disons que, le soir, elle était trop fatiguée pour aller danser, puis le temps a passé, puis, bon, elle s'est débarrassée de toutes ses robes de soirée… Et même ses beaux souliers, elle ne pouvait plus les mettre, parce qu'elle n'avait plus de pieds pour les porter. Les docteurs ont commencé par
75   lui enlever les orteils, puis ensuite les pieds, puis, à un moment donné, ç'a été les jambes, coupées juste en dessous du genou. C'était assez catastrophique parce que ma mère avait de très belles jambes. C'est d'ailleurs la partie de son anatomie dont elle était le plus fière. Mais bon! Ici, sur Terre, c'est le genre
80   d'épreuve à laquelle on est confronté, et, comme disait un grand philosophe du XXe siècle qui préfère garder l'anonymat: «La vie sur Terre, c'est une beurrée de merde et, plus ça va, moins il y a de pain.»

        […]

Système solaire

85 (*L'image de la Terre fait place à celle de vêtements tournant dans une sécheuse. Philippe, en peignoir, démarre la caméra qui est installée au-dessus de la planche à repasser, où il place une orange et neuf cailloux de couleurs et de grosseurs différentes. L'image vidéo, légèrement grossie, est projetée en direct sur le mur derrière lui.*)

90   Il m'est venu à l'idée que, si jamais vous vouliez venir nous visiter, vous auriez probablement besoin de nous repérer, alors j'ai décidé de vous faire une petite démonstration pour vous aider à nous localiser. Disons que la première chose qu'il faut savoir, c'est que, selon les scientifiques, notre système solaire est
95 tout à fait quelconque et qu'il est situé un peu en banlieue de notre galaxie et que notre galaxie elle-même est tout à fait quelconque et qu'elle est située quelque part en banlieue de l'univers. Alors, à en croire les scientifiques, vous n'avez qu'à tourner à gauche après le centre commercial et vous allez nous trouver.
100 Si jamais il vous arrive de rencontrer un alignement planétaire qui ressemble à celui que vous voyez présentement, vous devez savoir qu'on est la troisième planète à partir du Soleil. Évidemment, si vous empruntez la route panoramique, là, c'est sûr qu'on habite la... un, deux, trois, quatre, cinq, six, septième pla-
105 nète du système solaire. De toute façon, vous pourrez pas nous manquer parce que c'est une planète qui est bleue. D'ailleurs, on l'appelle la planète bleue. Ça, c'est à cause du maelström de tous les éléments organiques qui permettent à la planète d'avoir une forme de vie intelligente. Je me demande d'ailleurs pour-
110 quoi on appelle ça comme ça, parce que, si on était si intelli-gents, ça ferait longtemps qu'on aurait trouvé une façon équitable de répartir les richesses de la planète. En plus, c'est surpeuplé. Il y a plus de six milliards d'habitants, ici. Alors, je vous conseillerais d'essayer de vous trouver du stationnement
115 sur les planètes avoisinantes parce que, disons qu'ici, les places sont chères. Mais là, pour bien se comprendre, ça, ce n'est qu'une représentation du système solaire. L'échelle est tout à fait approximative. Ça, c'est pas le Soleil, c'est une orange de la

Floride. Ça, ce sont pas vraiment des planètes, ce sont des
120 pierres, en fait, des minéraux qui faisaient partie d'une collection que mon frère avait quand il était jeune et qu'il m'avait
offerte en cadeau quand je suis tombé malade à l'âge de treize
ans et que je suis entré à l'hôpital et que tout le monde pensait
que j'allais mourir. Alors, j'imagine que c'était sa façon à lui
125 d'attirer mon attention une dernière fois avant que je trépasse.

(*Il range les cailloux dans une boîte, déplace la planche à repasser puis
s'adresse directement à la caméra au-dessus de lui.*)

Parce que, voyez-vous, ici, sur Terre, on est prêts à faire bien
des bassesses pour attirer l'attention d'un être cher. C'est pro-
130 bablement la raison pour laquelle je suis tombé gravement
malade. Mon père venait de mourir et ma mère avait jeté tout
son dévolu sur mon jeune frère, alors j'étais jaloux. Un matin,
je me suis réveillé avec un mal de tête terrible. J'avais une douleur aiguë derrière mon œil droit. J'essayais d'ouvrir mon œil
135 parce que je pensais qu'il était fermé mais, en fait, il était ouvert.
Je voyais plus rien de cet œil-là. J'avais de la difficulté à calculer
les distances, je tombais partout et j'ai failli me faire frapper par
une voiture, alors ça a fonctionné très bien parce que ma mère
est devenue très inquiète et elle a pensé qu'il fallait absolument
140 que j'aille voir un médecin.

(*Il enlève son peignoir, sous lequel il porte un sarrau blanc. Il met des
lunettes à grosses montures noires puis installe la planche à repasser à la
verticale, face au public.*)

[…]

Éclipse

145 (*Philippe, en peignoir, est debout devant le téléviseur, un livre à la main.
À côté de lui, le fauteuil roulant de sa mère.*)

Si jamais, un jour, vous captez mon message, il y a de fortes
chances que vous ayez déjà capté des centaines de milliers
d'heures d'émissions de télévision en provenance de la Terre.

150   Mais sachez que la télévision n'est qu'un miroir déformé de ce
       qu'est la vie sur Terre. Pour moi, la seule chose vraiment
       capable de dépeindre avec justesse les méandres et les contra-
       dictions de l'âme humaine, c'est la poésie. Malheureusement,
       il n'y a pas beaucoup de place pour la poésie à la télévision, ces
155   temps-ci, alors, j'ai choisi de vous réciter un poème écrit par un
       de nos plus grands poètes québécois de la période romantique.
       Il s'appelait Émile Nelligan et le poème s'intitule « Devant deux
       portraits de ma mère ».

   (*Il lit.*)

160   Ma mère, que je l'aime en ce portrait ancien,
       Peint aux jours glorieux qu'elle était jeune fille,
       Le front couleur de lys et le regard qui brille
       Comme un éblouissant miroir vénitien !

       Ma mère que voici n'est plus du tout la même ;
165   Les rides ont creusé le beau marbre frontal ;
       Elle a perdu l'éclat du temps sentimental
       Où son hymen chanta comme un rose poème.

       Aujourd'hui, je compare, et j'en suis triste aussi,
       Ce front nimbé de joie et ce front de souci,
170   Soleil d'or, brouillard dense au couchant des années.

       Mais mystère de cœur qui ne peut s'éclairer !
       Comment puis-je sourire à ces lèvres fanées ?
       Au portrait qui sourit, comment puis-je pleurer ?

   (*Noir. On ne voit plus que l'écran lumineux du téléviseur qui semble se*
175 *déplacer dans l'espace. Lumière. Une vieille dame aux cheveux blancs*
   portant des lunettes noires est assise dans le fauteuil roulant. Noir.)

Le Projet Andersen est né d'une commande d'un directeur artistique, Lars Seeberg, qui préparait pour 2005 le bicentenaire de la naissance d'Hans Christian Andersen[1], et que la couronne danoise commanditait à grands frais. La pièce raconte l'histoire d'un auteur québécois engagé par l'Opéra de Paris pour signer le livret d'un opéra pour enfants à partir de *La Dryade,* un conte d'Andersen. Lorsqu'il emménage à Paris, dans l'appartement de son ami Didier, qui se trouve alors à Montréal, sa relation avec Marie vient tout juste de prendre fin. Il fait la connaissance du directeur de l'opéra, du commanditaire de l'œuvre, du concierge graffiteur Rachid et de Fanny, la chienne de Didier, dont la responsabilité lui incombe. *La Dryade* et *L'Ombre,* deux contes d'Andersen, ont servi à alimenter la pièce, mais c'est surtout la biographie de l'auteur danois qui a inspiré Lepage, notamment ses fantasmes. Bâtie sur des contrastes, la pièce oppose le passé au présent, la vision romantique à la modernité. La mise en scène joue sur la polyvalence des objets : l'alignement des cabines téléphoniques se transforme en salons de *peep-show,* le défilement du paysage à bord d'un train produit un effet stroboscopique qui transporte le personnage sur une piste de danse.

Robert LEPAGE
(né en 1957)

Le Projet Andersen
(2005)

Psycho canine
(*Sous-titre : Institut de psychologie canine de Paris*)

(*Le rideau est levé. Frédéric est assis dans un fauteuil placé dans l'écran, face au public, la laisse de Fanny dans les mains. Il fait mine de caresser*
5 *la chienne à côté de lui.*)

Je dois vous avouer que j'ai jamais fait ça, moi, de la psycho canine… Donc je sais pas trop comment on procède. Comment

---

1. L'auteur danois Hans Christian Andersen (1805-1875) est célèbre pour ses contes, dont *Les Habits neufs de l'empereur, Le Vilain Petit Canard* et *La Princesse au petit pois.*

ça fonctionne habituellement avec Didier ? Je veux dire, vous
posez des questions à la chienne puis c'est lui qui répond ou
c'est dans l'autre sens ?

Non, non, je tourne pas ça en dérision, c'est juste que je sais
pas quoi dire…

Ben, parce que c'est pas mon chien, alors je peux pas vraiment comparer avec des comportements antérieurs… Puis, de
toute façon, elle me paraît pas être une chienne qui a des problèmes d'ordre psychologique, elle aime jouer, elle mange avec
appétit, elle est affectueuse…

Non, elle est pas stressée du tout.

Ah, moi, ça ? Mon Dieu, pourquoi ? J'ai l'air stressé ou…

Ben, peut-être un petit peu, oui… Mais c'est circonstanciel
parce que je suis plutôt d'humeur égale, habituellement.

Ben, je sais pas c'est quoi, j'imagine que c'est le dépayse-
ment… Je suis pas de Paris.

Oui, ça s'entend.

Ben, Paris, c'est beau quand on visite, mais quand on y travaille, c'est un peu plus stressant. Pis je travaille dans un milieu
qui est pas le mien. Je travaille pour l'Opéra de Paris.

Oui, moi, je viens du milieu du rock'n'roll et de la musique
populaire, donc… C'est plus facile, moins protocolaire, c'est
moins hiérarchisé. Là, il y a quelques jours, j'ai remis le premier
jet d'un livret qu'on m'a commandé, donc je suis un peu dans
l'expectative. Mais je me dis : pas de nouvelles, bonnes nouvelles !

Je sais pas pourquoi j'ai dit oui à ça… Peut-être parce que ça
se refusait pas, une offre comme ça. C'est très prestigieux, ça se
place bien dans une conversation, dire qu'on a travaillé à
l'Opéra de Paris. Peut-être pas ici, mais à Montréal, ça produit
son effet.

Mais aussi… J'en avais marre de faire de la poésie minute,
j'avais envie de participer à quelque chose d'important, quelque

40 chose de grand, de plus riche, quelque chose qui allait rester. Mais là, pourquoi vous voulez savoir ce genre de détails ? Vous avez peur que je communique mon stress à la chienne ou…

Parce que j'ai plutôt l'impression du contraire, c'est plutôt elle qui me communique son calme. Surtout la semaine der-
45 nière, j'ai passé des journées entières à écrire enfermé dans une chambre… Heureusement qu'elle demande la porte trois fois par jour, ça me permet de faire de longues promenades. Ça fait juste trois semaines que je suis à Paris et je connais tous les espaces verts, pour ne pas dire chaque arbre.

50 Et puis le soir, elle saute sur le lit. Je ne sais pas si c'est ce qu'elle faisait avec Didier, et comme je veux pas trop la contra- rier, je la laisse dormir avec moi.

Ben, elle me lèche un peu et moi, je la caresse…

Oui, je la caresse. Je la caresse… comme on caresse un chien,
55 je veux dire ! Où est-ce que vous voulez en venir exactement ?

Une carence affective de sa part ou de la mienne ?

Ben, je sais pas… Il y a peut-être un petit peu de ça, oui.

Ben, parce que je viens de sortir d'une relation et ça fait juste deux mois, alors c'est sûr que j'ai pas vraiment l'habitude de
60 dormir seul. C'est peut-être un vieux réflexe… Peut-être que c'est ça, je sais pas.

Non, c'était une très bonne relation, c'était vraiment…

Ça a duré seize ans, donc ça devait être… C'est juste que ça s'est terminé de façon un petit peu abrupte. La relation s'est
65 détériorée un peu vers la fin.

Pour toutes sortes de raisons qui sont pas vraiment intéressantes…

Ben, travailler dans le même milieu, aussi, c'est jamais très bon. C'est difficile pour le couple, ça.

70 Oui, c'est une chanteuse populaire… En fait, elle est plus chanteuse que populaire ! C'est un peu ça, le problème : elle, sa

carrière a jamais vraiment levé ; moi, ma carrière a levé assez rapidement. Donc, avec le temps, elle est devenue dépendante financièrement. Mais je la comprends. Elle approche les quarante ans, elle a envie de se prouver qu'elle est capable de faire les choses par elle-même, pis c'est correct. Je me dis que ça va lui passer et qu'elle va revenir.

Évidemment, elle, elle vous donnerait d'autres raisons. Parce qu'elle veut élever une famille, et moi, ça m'intéresse pas, alors…

Parce que j'aime pas ça, les enfants.

J'aime pas ça parce que j'aime pas ça, c'est tout.

Non, c'est pas parce que je veux éviter le sujet, c'est juste que je vois pas le rapport que ça peut avoir avec l'équilibre mental de Fanny.

Non, c'est juste que, là, je trouve qu'on bifurque beaucoup. Je pensais qu'on allait parler plus du chien.

Ben, parlons-en !

Non, c'est pas ce que j'ai dit. J'ai dit qu'elle m'apparaît pas comme une chienne qui a besoin d'aide d'ordre psychologique, mais elle a peut-être d'autres sortes de problèmes dont on pourrait peut-être discuter…

Ben, la dépendance aux médicaments, par exemple. C'est une chose qui me préoccupe un peu. En fait, c'est Didier, le problème. J'ai comme l'impression qu'il projette ses propres problèmes de dépendance sur sa chienne et puis je trouve ça malsain de faire ça.

C'est épouvantable, toutes les cochonneries qu'il faut que je lui donne en une journée. Je lui donne un demi-Valium avant qu'elle se couche et l'autre moitié le lendemain matin quand je vais la promener, mais il faut que j'espace ça un peu, parce qu'entre-temps, il faut que je lui fasse avaler du phénobarbital, pour son épilepsie. Et là, si je sens que ça l'aplatit trop, je dois

lui donner une espèce de Ritalin pour chien. Mais si vous voulez
mon avis, ça ressemble plus à de l'ecstasy…

Ben, il y a de quoi être préoccupé : elle prend plus de médicaments qu'Elvis Presley à la fin de sa vie ! Je vais la retrouver
en surdose !

Oui, mais, est-ce que c'est vous qui lui prescrivez tout ça, ou
si c'est son vétérinaire ?

C'est vous ?

Non, je suis pas d'accord.

Il faut avoir de la compassion, peut-être, mais c'est pas une
raison pour leur passer toute notre cochonnerie. D'ailleurs, je
trouve ça un peu douteux, cette tendance qu'ont les gens de trai-
ter leurs animaux de compagnie comme s'ils étaient des enfants
et leurs enfants comme s'ils étaient des animaux de compagnie.

Non, c'est vrai. L'autre jour, dans le métro, j'ai vu une mère
gifler sa petite fille de cinq ans devant tout le monde et personne a réagi ! Moi, j'étais horrifié. C'est normal, on donne des
coups, on engueule, on y va et c'est comme ça ! Ça peut bien
faire des sociétés agressives…

Non, j'aime pas les enfants, mais c'est pas une raison pour
les frapper.

Non, je serais incapable de lever la main sur un enfant,
jamais.

De toute façon, je le saurai jamais parce que j'aurai jamais
d'enfant. La question est réglée.

Vous êtes vraiment tenace.

Bon, d'accord, je vais vous le dire. Vous aimerez peut-être
pas la réponse, mais tant pis. Moi, les enfants, je trouve pas ça
inoffensif. Je les trouve méchants, cruels… J'ai été victime de
leur méchanceté et de leur cruauté toute ma vie. Maintenant,
je suis assez vieux pour me défendre, mais j'ai pas envie de

135 m'entourer de marmots à qui il faut expliquer que c'est pas bien d'être raciste, que c'est pas correct de rire des infirmes, qu'il faut être tolérant… Ça me déprime de penser que, bientôt, j'ai une première où je serai entouré d'enfants qui, évidemment, vont me choisir comme leur tête de Turc[1] et qui vont m'appeler l'al-
140 binos[2], l'ectoplasme[3], le fantôme de l'opéra[4]…

C'est quand même incroyable. Je suis capable de faire face à des *dealers* de drogue baraqués comme ça, sans broncher, et un enfant se moque de ma condition, je perds tous mes moyens.

C'est sûr que je lui ai tout expliqué, à Marie, de long en large,
145 mais elle peut pas me comprendre, elle est pas à ma place. Et moi, je suis pas à sa place, donc je peux pas comprendre quand elle dit qu'elle veut avoir un enfant pour des raisons de femme.

Elle dit que ça va achever d'épanouir son corps, que ça va ouvrir sa voix et que sa carrière va lever… C'est bien connu ça,
150 hein ? Quand on a des enfants, notre carrière monte en flèche ! Elle s'était tellement convaincue de ça qu'elle en oubliait de prendre la pilule, mais elle voulait pas de la pilule du lendemain parce qu'elle disait que ça marchait pas. Elle voulait pas prendre de précautions non plus. Alors, moi, j'ai décidé que je me ferais
155 pas piéger, donc je suis allé me faire vasectomiser. Évidemment, j'aurais dû lui en parler avant…

Ben, ç'a eu pour effet de mettre un terme à la relation… puis ça me tue.

Bon. La demi-heure, est-ce qu'on est obligé de l'utiliser toute
160 ou bien, si on sent que l'animal en a assez, on peut comme…

(*Il fait un signe de la main.*)

Bon. Est-ce que je peux poser des questions, moi aussi ?

---

1. Tête de Turc : souffre-douleur.
2. Albinos : personne dont ni la peau, ni le système pileux, ni les yeux ne contiennent de pigments.
3. Ectoplasme : zombie.
4. Le Fantôme de l'Opéra : personnage éponyme d'un roman de Gaston Leroux publié en 1910, qui porte un masque blanc pour cacher sa laideur.

Quel âge avez-vous ?

Non, je vous drague pas. Vous êtes une professionnelle, vous
165 devriez être capable de répondre…

Bon, d'accord, si vous voulez pas jouer le jeu, je vais deviner.
Vous êtes dans la jeune cinquantaine.

Bon. La mi-quarantaine. Désolé.

Non, non, c'est les lunettes… Bon, est-ce que vous avez des
170 enfants ?

Non ? Bon. Est-ce que vous vous sentez moins femme parce
que vous êtes dans la jeune quarantaine et que vous avez jamais
eu d'enfant ?

Ah, mon Dieu ! Quelle indiscrétion, c'est épouvantable !
175 Quelle question indiscrète, c'est effrayant ! On peut étaler ma
vie sexuelle et ma vie intime de long en large, ça, c'est pas indis-
cret ! Vous savez ce que vous êtes ? Vous êtes une manipulatrice !
Vous manipulez les pauvres gens qui ont des problèmes psycho-
logiques, qui sont incapables de se l'avouer et qui se sentent
180 obligés de passer par leur chien pour avoir de l'aide d'une
pseudo-psychologue canine qui a probablement même pas ses
diplômes et qui fait ce qu'on appelle de la psychologie sauvage !

Je suis désolé, c'est sorti tout seul. Je sais pas ce qui m'a pris.

Non, je vous le dis, j'ai jamais fait ça. Je suis vraiment étonné.
185 Vous êtes bonne, finalement.

C'est vrai, de toute évidence, vous avez réussi à me déstabi-
liser. Vous avez réveillé en moi un vieux système de défense que
j'ai développé quand j'étais enfant.

Pas bébé, mais enfant… Quand j'ai commencé à aller à
190 l'école et que j'ai compris que j'étais différent des autres…

Non, ça, c'est plus tard, quand ma mère m'a fait comprendre
que si je voulais vraiment essayer de…

(*Musique. Le rideau s'abaisse.*)

CONCLUSION

Si le théâtre est aujourd'hui facilement accessible à tous, s'il est possible d'en lire et d'en voir dans pratiquement toutes les villes de la province, c'est grâce à un nombre important d'intervenants : auteurs, acteurs, metteurs en scène, directeurs de troupe, mais également grâce au public qui a répondu à l'appel, qui s'est reconnu et se reconnaît encore dans cette représentation de lui-même. Responsable d'une véritable transgression pour les premiers spectateurs, qui s'y rendaient en dépit des interdits religieux, le théâtre au Québec est aujourd'hui entré dans les mœurs. Les balises posées notamment par Lescarbot, Quesnel, Gérin-Lajoie et Fréchette ont permis aux Gélinas, Dubé et Tremblay d'ouvrir la voie à une dramaturgie proprement nationale. Il est bien évident que, de nos jours, des auteurs tels que Lepage et Mouawad ne font pas du théâtre de la même façon que les pionniers. On pourrait même dire que le théâtre québécois est devenu une véritable autoroute qui sillonne le monde. Reconnu à l'étranger, notre théâtre est désormais un véhicule important de la culture québécoise.

La langue apparaît comme un des éléments particulièrement révélateurs de l'évolution du théâtre. Pendant plus de trois siècles, les auteurs d'ici ont eu pour seul modèle la culture de la mère patrie. Le théâtre présenté au Québec a donc été longtemps tributaire de son ancêtre français. C'est pourquoi les textes de Joseph Quesnel et d'Antoine Gérin-Lajoie, par exemple, se rapprochent du style de Molière ou de Corneille. Gratien Gélinas et Marcel Dubé ont été les premiers à se détacher du modèle français pour écrire dans une langue plus représentative de la réalité québécoise. Mais c'est Michel Tremblay qui est allé le plus loin dans l'écriture de la langue parlée, avec le joual, à la fin des années 1960 et au cours des années 1970. Il n'est toutefois pas le seul auteur à avoir révolutionné la langue au théâtre. D'autres comme Claude Gauvreau et Réjean Ducharme ont également laissé une marque originale et indélébile. De ces tendances majeures, les auteurs des décennies suivantes, tels que Normand Chaurette et Daniel Danis, ont sans doute tiré le meilleur parti.

Restant proche de la langue parlée, leur théâtre a des résonances poétiques d'une grande richesse.

Ce parcours de 400 ans de théâtre au Québec est bien sûr incomplet. On a dû délaisser de nombreuses pièces, mettre de côté nombre d'éléments qui ont contribué à l'évolution de la pratique théâtrale. On peut penser notamment au courant important du théâtre expérimental dans les années 1970. Par son esprit d'avant-garde, il a permis de repousser les limites de la scène ; la pièce *Vie et Mort du roi boiteux* (1981-1982) de Jean-Pierre Ronfard (1929-2003), d'une durée de 15 heures et comportant plus de 200 personnages, en est un bon exemple. Le théâtre des femmes a été évoqué avec *Les fées ont soif* de Denise Boucher, mais il aurait sans doute été intéressant d'aborder le travail d'un groupe comme le TEF (Théâtre expérimental des femmes, 1979-1985) et de sa plus illustre représentante, Pol Pelletier (née en 1947), qui a offert des spectacles solos mémorables : *Joie* (1992), *Océan* (1995) et *Or* (1997). L'exploration des possibilités offertes par la mise en scène, ces quatre dernières décennies, a donné naissance à des troupes qui ont complètement transformé la façon de faire du théâtre. On a parlé des œuvres de Robert Lepage ; il faudrait aussi mentionner le travail de Carbone 14, dirigé par Gilles Maheu, qui allie merveilleusement la danse et le théâtre dans des spectacles comme *Le Rail* (1983-1984), *Le Dortoir* (1988) ou *Les Âmes mortes* (1996). Le théâtre pour la jeunesse occupe également une place de choix dans le paysage créatif depuis une trentaine d'années. Comme son public cible est les enfants et les adolescents, il forme et assure une relève de spectateurs.

Que sera le théâtre québécois dans les années à venir ? Cela reste à voir… L'héritage laissé par les pionniers conjugué au dynamisme marquant les productions actuelles offrent un terreau fertile pour la suite. Une chose est sûre, le théâtre demeurera l'une des voies royales pour recréer le monde et continuera d'être le miroir de ce qui nous entoure et de ce qui nous habite.

©Yves Renaud.

THÉÂTRE DU NOUVEAU MONDE, 2005.

PLONGÉE
DANS L'ŒUVRE

QUESTIONS DE COMPRÉHENSION, D'ANALYSE ET D'ÉCRITURE

GRATIEN GÉLINAS

TIT-COQ (P. 46-57)

1. À la lumière de ce que dévoile Tit-Coq sur ses origines, commentez le rêve qu'il chérit dans la deuxième réplique de l'extrait.

2. Expliquez le sens de l'antithèse suivante et dites en quoi elle est liée au malheur de Tit-Coq : « Oui, je suis un enfant de l'amour, comme on dit. Un petit maudit bâtard, si monsieur préfère » (l. 6-7).

3. Pourquoi Marie-Ange s'est-elle mariée avant le retour de Tit-Coq ?

4. Que symbolise le cadeau que Marie-Ange avait fait à Tit-Coq, qu'il lui remet avec rage au début de l'extrait ?

5. Relevez l'ironie dans la réplique suivante : « [...] des femmes aussi fidèles que toi, il en traîne à tous les coins de rue ! » (l. 53-54). Dites-en le sens et l'effet.

6. Démontrez de quelle manière se manifeste la colère de Tit-Coq.

7. La douleur éprouvée par Tit-Coq vient-elle seulement du fait qu'il perde Marie-Ange ?

8. Tit-Coq, à l'image du héros tragique, est perdant peu importe l'option qu'il choisisse. Pourquoi ?

9. Quel dernier argument pousse Tit-Coq à quitter Marie-Ange ?

10. Montrez que, dans cet extrait, Marie-Ange incarne la raison et Tit-Coq, la passion.

MARCEL DUBÉ

FLORENCE (P. **60-73**)

1. Montrez en quoi Suzanne joue le rôle d'une grande sœur pour Florence.

2. Pourquoi Florence hésite-t-elle à rompre avec Maurice ?

3. Expliquez cette réplique de Suzanne : « C'est parce que tu vis encore dans ta famille qu'Eddy te fascine. Laisse ta famille, tu verras plus clair ensuite. Eddy deviendra un homme comme les autres à tes yeux » (l. 54-56).

4. Que s'est-il passé entre Florence et Eddy ? Pourquoi Florence est-elle déçue ?

5. Quel effet provoquent les répliques très courtes de Florence au début de la deuxième partie de l'extrait ?

6. Dans cette pièce, le personnage de Florence traverse une période de crise, de transition. Décrivez quels en sont les enjeux.

7. Imaginez quelle serait la conversation que Florence pourrait avoir avec sa mère à la fin de cette journée.

MICHEL TREMBLAY

LE VRAI MONDE ? (P. **8-16**)

1. Formulez une définition du théâtre à partir du discours des deux personnages de la pièce de Tremblay.

2. Pourquoi Madeleine a-t-elle honte et est-elle fâchée à la suite de la lecture de la pièce de Claude ?

3. De quoi Madeleine accuse-t-elle son fils ?

4. En quoi la perception qu'a Claude de son père s'oppose-t-elle à celle qu'en a sa mère ?

5. Montrez en quoi l'opposition entre le silence et la parole est représentative des deux personnages.

6. Décrivez en quoi consiste la création pour Claude.

7. On a dit de Tremblay qu'il avait agi comme un révélateur pour la société québécoise. Claude aurait-il le même effet auprès de sa mère dans sa pièce?

8. Imaginez quelle aurait été la réaction du père de Claude à la lecture de la pièce. Écrivez un dialogue opposant le père et le fils.

SAINTE CARMEN DE LA MAIN (P. 84-90)

1. Trouvez quelle est la signification du nom Carmen.

2. Quelle mission Carmen se donne-t-elle? Montrez que cela la remplit d'espoir.

3. Pourquoi Maurice dit-il que ce qu'a fait Carmen est dangereux? De quoi a-t-il peur?

4. Faites un relevé des termes de joual. Que peut-on en déduire?

5. Commentez cette réplique tirée des *Belles-sœurs* en vous appuyant sur l'exemple du personnage de Carmen:
   «Les femmes, sont poignées à'gorge, pis y vont rester de même jusqu'au boute!»

6. Exposez en quoi le discours que tient Carmen à propos de ses chansons peut être vu comme une métaphore de l'évolution du théâtre québécois et, plus spécifiquement, du parcours de Tremblay.

MARCEL POURSUIVI PAR LES CHIENS (P. 92-97)

1. À quoi réfèrent les chiens du titre de la pièce?

2. Quel emploi occupe Thérèse?

3. Qui est Gérard? Quel portrait Thérèse fait-elle de lui?

4. Quel est le procédé stylistique employé dans les premières répliques de l'extrait et quel effet produit-il?

5. En quoi l'opposition entre le jour et la nuit est-elle liée au malheur de Thérèse?

6. Quelle est l'utilité dramatique du personnage de Marcel, dans cet extrait?

7. Démontrez que l'alcool est un exutoire pour le personnage de Thérèse.

8. Commentez l'affirmation suivante : la fuite de Thérèse sur la *Main* est motivée par son mépris envers les gens de la rue Dorion.

9. Lorsque Marcel arrive chez sa sœur, on le sent bouleversé. Inventez la suite du dialogue en imaginant quelle confession fera Marcel.

FRANÇOISE LORANGER

MÉDIUM SAIGNANT (P. 100-113)

1. Au fil des dialogues, décrivez l'effet que produisent les négations, les répétitions et les énumérations.

2. Montrez que, au début de l'extrait, la peur repose essentiellement sur la crainte d'être assimilé.

3. Répertoriez, dans l'ordre du texte, les différents groupes visés par les critiques. Dressez ensuite la liste des reproches qu'on leur adresse.

4. Expliquez les liens existant entre les reproches lancés par les personnages et le contexte sociohistorique de la fin des années 1960 et du début des années 1970.

5. Dites comment le juron lancé par Ouellette, « Tabarnac ! » (l. 159), est révélateur de son étonnement.

6. À la manière de Loranger, imaginez quels reproches et revendications pourraient faire aujourd'hui différents citoyens.

ROBERT GURIK

FACE À FACE (P. 114-129)

1. Donnez le sens du titre de la pièce.

2. En quoi cette pièce reflète-t-elle les évènements de la crise d'Octobre ?

3. De quelle façon la femme s'y prend-elle pour séduire le soldat ?

4. Repérez une réplique qui témoigne de l'aliénation des Canadiens français par les Anglais.

5. Indiquez comment la profession exercée par chacun des personnages influence leur attitude.

6. En quoi la comparaison « la rue est calme comme une tombe » (l. 7) est-elle annonciatrice de la fin de la pièce ?

7. Expliquez le sens connoté de l'avant-dernière réplique de la pièce : « There is only two solutions with them : either you fuck them or you kill them » (l. 257-258).

DENISE BOUCHER

LES FÉES ONT SOIF (P. 137-149)

1. Établissez ce que symbolisent les trois personnages.

2. Pourquoi Madeleine dit-elle qu'elle est un « grand trou » (l. 4-5) ?

3. Décrivez l'effet créé par l'emploi du terme « p'tit chiatre » (l. 9) par le personnage de Madeleine.

4. Quelle idée est représentée par les répliques des lignes 52 à 58 ?

5. Expliquez l'effet créé, à la fin de l'extrait, par l'usage de la deuxième personne du singulier et du ton impératif.

6. Relevez et expliquez les sources d'oppression de chacun des trois personnages.

7. Expliquez ce que dénonce Denise Boucher dans cette pièce. Cette dénonciation est-elle toujours actuelle ?

CLAUDE MEUNIER ET LOUIS SAIA

LES VOISINS (P. 154-159)

1. Quel type d'humour exploite-t-on ici ? De quels dramaturges européens se rapproche-t-il ?

2. À quels procédés comiques a-t-on recours ?

3. L'extrait des Voisins provoque le rire, mais est-il seulement comique ?

4. Montrez que, malgré le flot de paroles échangées, le discours des personnages est vide.

5. Relevez deux exemples qui prouvent que les personnages s'en tiennent toujours au premier degré.

NORMAND CHAURETTE

PROVINCETOWN PLAYHOUSE, JUILLET 1919, J'AVAIS 19 ANS (P. **162-169**)

1. Pourquoi dit-on que la pièce de Chaurette constitue un défi pour la mise en scène?

2. Donnez le sens du nom du personnage de Charles Charles.

3. Quel est le rôle de Charles Charles 19 dans l'extrait?

4. Comparez la personnalité de Charles Charles 19 et celle de Charles Charles 38.

5. Dites pourquoi les comédiens, Alvan et Winslow, sont inculpés alors que l'auteur, lui, échappe à la peine de mort.

6. Exposez qu'au cours du procès le but de Charles Charles n'est pas de dire la vérité, mais d'échapper à la condamnation.

7. Expliquez la référence à la mythologie grecque aux lignes 43 à 53.

8. Quel lien peut-on établir entre la pièce de Chaurette et le genre du roman policier?

9. À la suite de la lecture de l'extrait, est-il possible de résoudre l'énigme de la pièce, soit « savaient-ils que le sac contenait un enfant » ?

MICHEL-MARC BOUCHARD

LES MUSES ORPHELINES (P. **171-179**)

1. Pourquoi Luc imagine-t-il que sa mère se trouve en Espagne?

2. Décrivez la réaction de chacun des personnages devant le départ de leur mère.

3. Quels reproches les personnages s'adressent-ils entre eux?

4. Pourquoi Catherine se montre-t-elle si protectrice à l'endroit d'Isabelle?

5. Montrez de quelle façon la réalité et l'imaginaire s'opposent dans cet extrait de la pièce.

6. Expliquez le sens de la réplique de Luc aux lignes 74 à 76 lorsqu'il dit: «J'avais les yeux tellement embrouillés par mes larmes que tout c'que j'ai réussi à voir, c'est la statue de la Sainte-Vierge du Carmel qui m'ouvrait les bras. Des bras de plâtre qui prendront jamais quelqu'un.»

DOMINIC CHAMPAGNE, JEAN-FRÉDÉRIC MESSIER, PASCALE RAFIE, JEAN-FRANÇOIS CARON

CABARET NEIGES NOIRES (P. 185-196)

1. Expliquez en quoi le rêve de Martin est une métaphore de sa désillusion.

2. Que symbolise la bombonne de crème fouettée que Martin donne à Peste (l. 91)?

3. Montrez que les personnages de la pièce sont habités par le désespoir.

4. Indiquez en quoi le poème de Mallarmé (l. 137-162), récité par Martin et Peste, est porteur à la fois d'espoir et de désespoir.

5. Quelles tonalités prend la réplique de la prêtresse dans la section intitulée «Le chemin de la morgue» aux lignes 175 à 214? Quel est l'effet produit par le mélange de celles-ci?

6. Qu'est-ce qu'un *requiem*? En quoi celui que livre Peste à la fin de l'extrait se distingue-t-il de cette définition?

7. Dans la section intitulée «Requiem», faites ressortir la violence qui se trouve au cœur de la réplique de Peste (l. 219-275).

CAROLE FRÉCHETTE

La Peau d'Élisa (p. 197-204)

1. À quoi associe-t-on l'amour dans cet extrait ?
2. À quoi renvoie l'énumération des lignes 17 à 21 ?
3. Révélez que, dans cet extrait, les personnages sont habités par une urgence de se raconter.
4. Que symbolise le trou que le personnage du jeune homme dit avoir dans la poitrine (l. 63-64) ?
5. À la lumière de l'extrait, dites quels sens peut avoir la métaphore titre de la pièce.
6. Montrez que, dans cet extrait, le paraître s'oppose à l'être.

DANIEL DANIS

Cendres de cailloux (p. 207-219)

1. Expliquez la progression de la tension chez le personnage de Clermont.
2. Montrez que les rôles parent-enfant sont inversés chez Clermont et Pascale.
3. Décrivez l'effet produit par la disposition des répliques, plus particulièrement aux lignes 156 à 176.
4. Relevez les parties du texte qui font référence aux éléments : feu, eau, terre, air. En quoi peut-on les associer aux personnages de la pièce ?
5. Démontrez que l'extrait est évocateur de la tension entre la vie et la mort et expliquez en quoi la folie participe de cette tension.

WAJDI MOUAWAD

INCENDIES (P. 224-232)

1. Quel est le drame de Nawal ?

2. Relevez les oppositions contenues dans l'extrait.

3. Expliquez le sens de la métaphore présente aux lignes 5 à 8.

4. En quoi la pièce de Mouawad s'apparente-t-elle à la tragédie grecque ?

5. Exprimez ce que veut dire Nawal lorsqu'elle écrit : « Jannaane et Sarwane. Tous deux fils et fille du bourreau et nés de l'horreur » (l. 20-21).

ROBERT LEPAGE

LA FACE CACHÉE DE LA LUNE (P. 235-240)

1. Dites comment le personnage de Philippe fait une critique de la société par l'entremise du tournage de son film.

2. Faites le lien entre le portrait que le personnage fait de sa mère et le poème de Nelligan récité à la fin de l'extrait.

3. Montrez que le personnage de Philippe est habité par la solitude.

4. Indiquez de quelle façon l'auteur intègre les techniques du cinéma à son texte.

LE PROJET ANDERSEN (P. 241-247)

1. Qu'est-ce qui a mené à la rupture du couple de Frédéric ?

2. En quoi consiste le complexe du personnage ?

3. Montrez que le chien est un prétexte pour parler de soi.

4. Décrivez l'effet produit par l'absence du second personnage dans le dialogue.

QUESTIONS COMPARATIVES

1. Comparez le personnage de Florence, de Marcel Dubé, à celui de Marie-Ange, de Gratien Gélinas. Dites en quoi toutes deux représentent la tradition tout en étant précurseurs de la libération de la femme.

2. Dans la première partie de l'extrait de la pièce de Marcel Dubé, révélez de quelles façons les personnages de Florence et de Suzanne s'opposent.

3. Opposez les personnages de Maurice et d'Eddy dans l'extrait de *Florence*.

4. Dans l'extrait de *Sainte Carmen de la Main,* montrez les différences de perception qu'ont Maurice et Carmen au sujet de la *Main*.

5. Dans *Sainte Carmen de la Main* et *Marcel poursuivi par les chiens,* Carmen et Thérèse poursuivent-elles les mêmes objectifs en allant travailler sur la *Main*?

6. Comparez le discours sur les femmes présenté dans l'extrait de *Médium saignant* à celui tenu dans *Les fées ont soif.*

7. Montrez que les personnages de la pièce *Face à face,* même s'ils parlent la même langue, ne partagent pas les mêmes références.

8. Comparez la condamnation du théâtre par Mgr Bourget au XIXe siècle à la déclaration de Mgr Grégoire au moment de la création de la pièce *Les fées ont soif.* Établissez les ressemblances et les différences dans le propos et expliquez-en le contexte.

9. Comparez le désespoir de Martin dans *Cabaret Neiges noires* et celui de Coco dans *Cendres de cailloux.*

10. Comparez le personnage de Thérèse dans *Marcel poursuivi par les chiens* à celui de Peste dans *Cabaret Neiges noires.* Indiquez en quoi elles se rejoignent et en quoi elles diffèrent.

11. Montrez les différences et les ressemblances dans la façon dont s'exprime l'urgence de dire et de se raconter dans l'extrait de *Cendres de cailloux* et dans celui de *La Peau d'Élisa.*

12. Les pièces *Le Vrai Monde?* et *Provincetown Playhouse, juillet 1919, j'avais 19 ans* exposent les rapports troubles entre la réalité et la fiction. Comparez le discours de Claude à celui de Charles Charles pour en faire ressortir les principaux enjeux.

13. Comparez l'image que Claude a de son père dans *Le Vrai Monde?* à celle que Luc entretient à propos de sa mère dans *Les Muses orphelines*. Dites en quoi elles s'opposent.

SUJETS DE DISSERTATION CRITIQUE

1. Dans l'extrait de la pièce *Tit-Coq*, peut-on affirmer que la rupture amoureuse est vécue de la même façon par les deux personnages principaux?

2. Dans la première partie de l'extrait de *Florence*, peut-on dire que Suzanne est plus réaliste que Florence?

3. Dans la deuxième partie de l'extrait de la pièce de Marcel Dubé, peut-on soutenir que Florence regrette les gestes qu'elle a posés?

4. Est-il fondé de dire qu'Eddy est présenté comme un simple égoïste dans la deuxième partie de l'extrait de *Florence*?

5. À partir de l'extrait de la pièce de Marcel Dubé, est-il juste de croire que Florence a totalement perdu ses illusions?

6. À partir de l'extrait de la pièce de Marcel Dubé, est-il correct d'affirmer que le bonheur de Florence dépend de sa liberté?

7. La *Main* ainsi que le rapport que les personnages entretiennent avec elle sont-ils présentés de la même manière dans les extraits de *Sainte Carmen de la Main* et de *Marcel poursuivi par les chiens*?

8. En lisant l'extrait de la pièce *Médium saignant*, peut-on soutenir que la haine envers l'autre est alimentée d'abord par une haine de soi?

9. Peut-on considérer que, dans *Les fées ont soif*, le sort de Madeleine et celui de Marie sont semblables?

10. Est-il juste de prétendre que la pièce de Denise Boucher est un texte féministe?

11. Dans la pièce de Normand Chaurette, le personnage de Charles Charles est-il dominé par la folie ?

12. Peut-on affirmer que Luc et Isabelle, personnages des *Muses orphelines*, sont aussi affectés l'un que l'autre par le départ de leur mère ?

13. La mort apparaît-elle simplement comme une délivrance pour Martin et Peste, personnages de *Cabaret Neiges noires* ?

14. Les personnages de *Cendres de cailloux* sont-ils davantage habités par l'espoir ou par le désespoir ?

15. Est-il correct d'affirmer que, dans la pièce *Incendies*, les lettres de Nawal ne visent que la vengeance ?

16. Le film tourné par Philippe, dans l'extrait de *La Face cachée de la Lune*, ne lui sert-il qu'à évoquer ses souvenirs ?

ANNEXES

TABLEAU CHRONOLOGIQUE			
	ÉVÈNEMENTS SOCIO-HISTORIQUES AU QUÉBEC	ÉVÈNEMENTS LITTÉRAIRES ET CULTURELS AU QUÉBEC	VIE THÉÂTRALE AU QUÉBEC
1534	Découverte de la Nouvelle-France.		
1605	Établissement de l'habitation de Port-Royal.		
1606			Marc Lescarbot, *Le Théâtre de Neptune en la Nouvelle-France*.
1608	Fondation de Québec.		
1634	Fondation de Trois-Rivières.		
1635	Fondation du collège des Jésuites à Québec.		
1639	Fondation de l'école des Ursulines à Québec.		
1642	Fondation de Montréal.		
1672	Frontenac, gouverneur de la Nouvelle-France jusqu'en 1682, puis de 1689 à 1698.		
1685	Mgr de Saint-Vallier est nommé archevêque de Québec.		
1694			Affaire Tartuffe.
1759	Bataille des plaines d'Abraham et victoire des troupes anglaises. Mort de Wolfe et de Montcalm.		
1763	Traité de Paris. Fin du Régime français. Proclamation royale.		
1764		Introduction de l'imprimerie au Canada, à Québec.	
1774	Acte de Québec.		
1775	Tentative d'invasion par les Américains.		

TABLEAU CHRONOLOGIQUE		
ÉVÈNEMENTS SOCIO-HISTORIQUES AU QUÉBEC	ÉVÈNEMENTS LITTÉRAIRES ET CULTURELS AU QUÉBEC	VIE THÉÂTRALE AU QUÉBEC
1789			Théâtre de Société, troupe sous la direction de Joseph Quesnel.
1790			Joseph Quesnel, *Colas et Colinette ou le Bailli dupé*.
1791 Acte constitutionnel divisant le Canada en deux provinces : le Haut-Canada et le Bas-Canada.		
1802			Joseph Quesnel, *L'Anglomanie ou le Dîner à l'angloise*.
1825			Fondation du Théâtre Royal, première salle de théâtre au Québec.
1826			Début des tournées de troupes euro-péennes à Montréal et à Québec.
1830		Michel Bibaud, *Épîtres, satires, chansons, épigrammes et autres pièces de vers*.	
1837 Révolte des Patriotes, jusqu'en 1838.	Philippe Aubert de Gaspé, fils, *L'Influence d'un livre*.	
1839 Rapport Durham. Pendaison de 12 Patriotes.		
1842		Antoine Gérin-Lajoie, *Un Canadien errant*. Fondation de la librairie Beauchemin.	
1844			Antoine Gérin-Lajoie, *Le Jeune Latour*.
1845		François-Xavier Garneau, *Histoire du Canada*.	
1848		James Huston, *Répertoire national*.	

TABLEAU CHRONOLOGIQUE		
ÉVÈNEMENTS SOCIO-HISTORIQUES AU QUÉBEC	ÉVÈNEMENTS LITTÉRAIRES ET CULTURELS AU QUÉBEC	VIE THÉÂTRALE AU QUÉBEC
1862			Louis Fréchette, *Félix Poutré.*
1865		Pamphile Lemay, *Essais poétiques.*	
1867	Confédération canadienne. L'Acte de l'Amérique du Nord britannique (AANB) unit quatre provinces pour former le Canada : Québec, Ontario, Nouveau-Brunswick et Nouvelle-Écosse.		
1868			Lettre de Mgr Bourget, évêque de Montréal, contre le théâtre.
1880			Louis Fréchette, *Papineau.* Première visite de Sarah Bernhardt, actrice française, au Québec.
1882		Laure Conan, *Angéline de Montbrun.*	
1895		Fondation de l'École littéraire de Montréal.	
1896		Début du cinéma canadien.	
1898			Fondation du Théâtre des Variétés.
1904		Rodolphe Girard, *Marie Calumet.*	
1914		Louis Hémon, *Maria Chapdelaine.*	
1917	Droit de vote des femmes aux élections fédérales.		
1918		Début de la radio canadienne. Albert Laberge, *La Scouine.*	

	TABLEAU CHRONOLOGIQUE		
	ÉVÈNEMENTS SOCIO-HISTORIQUES AU QUÉBEC	ÉVÈNEMENTS LITTÉRAIRES ET CULTURELS AU QUÉBEC	VIE THÉÂTRALE AU QUÉBEC
1921			Henri Rollin et Léon Petitjean, *Aurore, l'enfant martyre*.
1929	Krach boursier à New York qui entraîne une crise économique en Occident.	Alfred Desrochers, *À l'ombre de l'Orford*.	
1933		Claude-Henri Grignon, *Un homme et son péché*.	
1934		Jean-Charles Harvey, *Les Demi-civilisés*.	
1936	Maurice Duplessis, premier ministre du Québec jusqu'en 1939.		
1937		Félix-Antoine Savard, *Menaud, maître draveur*. Hector de Saint-Denys Garneau, *Regards et Jeux dans l'espace*.	Fondation des Compagnons de Saint-Laurent par le père Émile Legault.
1938			Gratien Gélinas, *Les Fridolinades*, jusqu'en 1946 et reprises en 1956.
1940	Droit de vote des femmes aux élections provinciales.		
1942	Loi de l'instruction obligatoire jusqu'à 14 ans.	Anne Hébert, *Les Songes en équilibre*.	
1944	Maurice Duplessis, premier ministre jusqu'en 1959.	Alain Grandbois, *Les Îles de la nuit*.	
1945		Germaine Guèvremont, *Le Survenant*. Gabrielle Roy, *Bonheur d'occasion*.	
1946		Première exposition des automatistes à Montréal.	
1948	Le fleurdelisé devient le drapeau du Québec.	Roger Lemelin, *Les Plouffe*. Paul-Marie Lapointe, *Le Vierge incendié*. Paul-Émile Borduas, *Refus global*.	Gratien Gélinas, *Tit-Coq*.

TABLEAU CHRONOLOGIQUE		
ÉVÈNEMENTS SOCIO-HISTORIQUES AU QUÉBEC	ÉVÈNEMENTS LITTÉRAIRES ET CULTURELS AU QUÉBEC	VIE THÉÂTRALE AU QUÉBEC
1949		Fondation du Théâtre du Rideau Vert.
1950	Anne Hébert, *Le Torrent.* Yves Thériault, *La Fille laide.*	
1951		Fondation du Théâtre du Nouveau Monde.
1953	Début de la télévision canadienne. André Langevin, *Poussière sur la ville.* Fondation des Éditions de l'Hexagone.	Marcel Dubé, *Zone.*
1955		Fondation du Conservatoire d'art dramatique de Montréal. Fondation du Théâtre de Quat'Sous.
1957		Marcel Dubé, *Un simple soldat* et *Florence.* Gratien Gélinas fonde la Comédie-Canadienne.
1958	Anne Hébert, *Les Chambres de bois.* Marie-Claire Blais, *La Belle Bête.*	Fondation du Conservatoire d'art dramatique de Québec.
1959		Gratien Gélinas, *Bousille et les Justes.*
1960	Début de la Révolution tranquille. Fondation du Rassemblement pour l'indépendance nationale (RIN).	Fondation des maisons d'édition Hurtubise HMH, Leméac et Éditions de l'Homme. Gérard Bessette, *Le Libraire.* Jean-Paul Desbiens, *Les Insolences du frère Untel.*	Fondation de l'École nationale de théâtre, à Montréal.
1961	Création du ministère des Affaires culturelles.		

TABLEAU CHRONOLOGIQUE		
ÉVÉNEMENTS SOCIO-HISTORIQUES AU QUÉBEC	**ÉVÉNEMENTS LITTÉRAIRES ET CULTURELS AU QUÉBEC**	**VIE THÉÂTRALE AU QUÉBEC**
1963 Parution du premier rapport Parent sur l'éducation.		
1964 Création du ministère de l'Éducation.	Jacques Renaud, *Le Cassé*.	
1966	Réjean Ducharme, *L'Avalée des avalés*. Début de l'émission *Les Beaux Dimanches* à la télévision de Radio-Canada, diffusée jusqu'en 2004.	
1967 Expo 67, exposition universelle tenue à Montréal. René Lévesque fonde le Mouvement souveraineté-association (MSA). Création des cégeps.	Gérald Godin, *Les Cantouques*.	
1968 Fondation du Parti québécois.		Charlebois, Deschamps, Forestier et Mouffe, *Osstidcho*. Réjean Ducharme, *Le Cid maghané*. Michel Tremblay, *Les Belles-sœurs*. Fondation du Théâtre d'Aujourd'hui.
1969 Adoption de la loi 63, qui donne notamment aux parents le choix entre l'école française ou anglaise.		Fondation du Théâtre du Même Nom qui présente *Les Enfants de Chénier dans un autre grand spectacle d'adieu*.
1970 Crise d'Octobre.	Gaston Miron, *L'Homme rapaillé*.	Françoise Loranger, *Médium saignant*. Robert Gurik, *Les Tas de sièges*.
1971		Le Grand Cirque ordinaire, *T'en rappelles-tu Pibrac?*.
1972 Fondation du Conseil du statut de la femme.		Claude Gauvreau, *Les oranges sont vertes*.

| TABLEAU CHRONOLOGIQUE | | |
ÉVÈNEMENTS SOCIO-HISTORIQUES AU QUÉBEC	ÉVÈNEMENTS LITTÉRAIRES ET CULTURELS AU QUÉBEC	VIE THÉÂTRALE AU QUÉBEC
1973	Réjean Ducharme, *L'Hiver de force*.	Fondation de la Compagnie Jean Duceppe.
1976 Jeux olympiques de Montréal.		Michel Tremblay, *Sainte Carmen de la Main*. Réjean Ducharme, *Ines Pérée et Inat Tendu*. Jean-Claude Germain, *Un pays dont la devise est je m'oublie*.
1977 Adoption de la Charte de la langue française (loi 101).		Fondation de la Ligue nationale d'improvisation.
1978	Michel Tremblay, *La grosse femme d'à côté est enceinte*. Luc Plamondon, *Starmania*.	Denise Boucher, *Les fées ont soif*.
1980 Échec du premier référendum sur la souveraineté du Québec.		Claude Meunier et Louis Saia, *Les Voisins*.
1981		Jean-Pierre Ronfard, *Vie et Mort du roi boiteux*. Fondation du Théâtre La Licorne.
1982 Loi constitutionnelle : rapatriement de la Constitution canadienne, qui était encore une loi britannique. Charte canadienne des droits et libertés.	Anne Hébert, *Les Fous de Bassan*.	Normand Chaurette, *Provincetown Playhouse, juillet 1919, j'avais 19 ans*.
1984	Jacques Poulin, *Volkswagen blues*.	
1985	Yves Beauchemin, *Le Matou*. Dany Laferrière, *Comment faire l'amour avec un Nègre sans se fatiguer*.	René-Daniel Dubois, *Being at Home with Claude*. Robert Lepage, *La Trilogie des dragons*.

TABLEAU CHRONOLOGIQUE		
ÉVÈNEMENTS SOCIO-HISTORIQUES AU QUÉBEC	ÉVÈNEMENTS LITTÉRAIRES ET CULTURELS AU QUÉBEC	VIE THÉÂTRALE AU QUÉBEC
1986		Denys Arcand, *Le Déclin de l'empire américain.*	
1987 Accord du lac Meech : négociations sur le partage des pouvoirs entre le fédéral et le provincial.		Michel-Marc Bouchard, *Les Feluettes.* Michel Tremblay, *Le Vrai Monde ?.*
1988	Christian Mistral, *Vamp.* Sylvain Trudel, *Le Souffle de l'harmattan.*	Michel-Marc Bouchard, *Les Muses orphelines.*
1989 Accord de libre-échange entre le Canada et les États-Unis.	Louis Hamelin, *La Rage.*	
1990 Échec de l'accord du lac Meech.		
1992		Michel Tremblay, *Marcel poursuivi par les chiens.* Champagne, Messier, Rafie et Caron, *Cabaret Neiges noires.*
1993	Régine Robin, *La Québécoite.* Ying Chen, *Les Lettres chinoises.*	Daniel Danis, *Cendres de cailloux.*
1994 Accord de libre-échange nord-américain (ALENA) entre le Canada, les États-Unis et le Mexique.	Réjean Ducharme, *Va savoir.*	Yvan Bienvenue et Stéphane Jacques lancent les *Contes urbains.*
1995 Échec du deuxième référendum sur la souveraineté du Québec.	Sergio Kokis, *Le Pavillon des miroirs.*	
1997		Wajdi Mouawad, *Littoral.*

TABLEAU CHRONOLOGIQUE			
	ÉVÈNEMENTS SOCIO-HISTORIQUES AU QUÉBEC	ÉVÈNEMENTS LITTÉRAIRES ET CULTURELS AU QUÉBEC	VIE THÉÂTRALE AU QUÉBEC
1998		Maxime-Olivier Moutier, *Marie-Hélène au mois de mars.* Gaétan Soucy, *La petite fille qui aimait trop les allumettes.* Bruno Hébert, *C'est pas moi, je le jure!*	Carole Fréchette, *La Peau d'Élisa.*
2000		Gil Courtemanche, *Un dimanche à la piscine à Kigali.*	Robert Lepage, *La Face cachée de la Lune.*
2001		Yann Martel, *Histoire de Pi.*	
2003			Wajdi Mouawad, *Incendies.*
2005			Robert Lepage, *Le Projet Andersen.*
2006			Wajdi Mouawad, *Forêts.*

BIBLIOGRAPHIE

Les œuvres

BOUCHARD, Michel-Marc. *Les Muses orphelines,* Montréal, Leméac, 1989, p. 87-95.

BOUCHER, Denise. *Les fées ont soif,* Montréal, L'Hexagone, 1989, p. 47-49, 60-65, 96-101.

CHAMPAGNE, Dominic, Jean-Frédéric MESSIER, Pascale RAFIE et Jean-François CARON. *Cabaret Neiges noires,* Montréal, VLB éditeur, 1994, p. 161-164, 192-201.

CHAURETTE, Normand. *Provincetown Playhouse, juillet 1919, j'avais 19 ans,* Montréal, Leméac, 1981, p. 43-47, 99-100, 107-111.

DANIS, Daniel. *Cendres de cailloux,* Montréal, Leméac/Actes Sud, 1992, p. 111-122.

DUBÉ, Marcel. *Florence,* Montréal, Leméac, 1970, p. 46-49, 132-139.

DUCHARME, Réjean. *Ines Pérée et Inat Tendu,* Montréal, Leméac/Parti Pris, 1976, p. 30-31.

FRÉCHETTE, Carole. *La Peau d'Élisa,* Montréal, Leméac/Actes Sud, 1998, p. 15-20.

GAUVREAU, Claude. *Les oranges sont vertes,* Montréal, L'Hexagone, 1994, p. 37-38.

GÉLINAS, Gratien. *Tit-Coq,* Montréal, Les Quinze, 1980, p. 37, 120, 198-208, 230-233.

GÉRIN-LAJOIE, Antoine. *Le Jeune Latour,* Montréal, Réédition-Québec, 1969, p. 20-21.

GURIK, Robert. *Les Tas de sièges,* Montréal, Leméac, 1971, p. 43-52.

LEPAGE, Robert. *La Face cachée de la Lune,* Montréal, L'Instant même/ Ex Machina, 2007, p. 31-35, 50-53, 62-63.

LEPAGE, Robert. *Le Projet Andersen,* Montréal, L'Instant même/Ex Machina, 2007, p. 49-55.

LORANGER, Françoise. *Médium saignant,* Montréal, Leméac, 1970, p. 117-125.

MEUNIER, Claude et Louis SAIA. *Les Voisins,* Montréal, Leméac, 1982, p. 95-101.

MOUAWAD, Wajdi. *Incendies,* Montréal, Leméac/Actes Sud, 2003, p. 85-92.

QUESNEL, Joseph. *L'Anglomanie* suivi de *Les Républicains français,* Trois-Pistoles, Éditions Trois-Pistoles, 2003, p. 31-35.

TREMBLAY, Michel. *Sainte Carmen de la Main,* Montréal, Leméac, 1976, p. 57-66.

TREMBLAY, Michel. *Le Vrai Monde?,* Montréal, Leméac, 1989, p. 17-19, 38-45.

TREMBLAY, Michel. *Marcel poursuivi par les chiens,* Montréal, Leméac, 1992, p. 18-23, 25.

WASSERMAN, Jerry. *Spectacle of Empire: Marc Lescarbot's Theatre of Neptune in New France,* Vancouver, Talonbooks, 2006, p. 49-57.

Les ouvrages consultés

BOUCHER, Denise. *Une voyelle,* Montréal, Leméac, 2007, 313 p.

BOULANGER, Luc. *Pièces à conviction, entretiens avec Michel Tremblay,* Ottawa, Leméac, 2001, 177 p.

BOURASSA, André G. et Jean-Marc LARRUE. *Les Nuits de la « Main »: cent ans de spectacles sur le boulevard Saint-Laurent (1891-1991),* Montréal, VLB éditeur, 1993, 357 p.

CARIGNAN, Roland-Yves. « Le défi d'une génération », *Le Devoir,* 21 octobre 1993, p. B10.

CORVIN, Michel. *Dictionnaire encyclopédique du théâtre,* Paris, Larousse-Bordas, coll. « In Extenso », 1998, 1894 p.

COTNAM, Jacques. *Le Théâtre québécois: instrument de contestation sociale et politique,* Montréal, Fides, coll. « Études littéraires », 1976, 124 p.

DOAT, Jan. *Anthologie du théâtre québécois,* Québec, Les éditions La Liberté, 1973, 505 p.

GÉLINAS, Gratien et Victor-Lévy BEAULIEU. *Gratien, Tit-Coq, Fridolin, Bousille et les autres,* Montréal, Stanké/SRC Radio FM, 1993, 190 p.

GODIN, Jean-Cléo et Laurent MAILHOT. *Le Théâtre québécois,* LaSalle, Hurtubise HMH, t. I et II, 1970 et 1980, 254 et 247 p.

GREFFARD, Madeleine et Jean-Guy SABOURIN. *Le Théâtre québécois,* Montréal, Boréal, coll. « Boréal express », 1997, 120 p.

HÉBERT, Chantal. *Le Burlesque québécois et américain,* Québec, Presses de l'Université Laval, coll. « Vie des lettres québécoises », 1989, 335 p.

JASMIN-BÉLISLE, Hélène. *Le Père Émile Legault et ses Compagnons de Saint-Laurent, une petite histoire,* Montréal, Leméac, 1986, 205 p.

LAFLAMME, Jean et Rémi TOURANGEAU. *L'Église et le Théâtre au Québec*, Montréal, Fides, 1979, 355 p.

LAFON, Dominique (dir.). *Le Théâtre québécois 1975-1995*, Montréal, Fides, 2001, 523 p.

LEGRIS, Renée, Jean-Marc LARRUE, André G. BOURASSA et Gilbert DAVID. *Le Théâtre au Québec 1825-1980*, Montréal, VLB éditeur, 1988, 205 p.

LEMIRE, Maurice (dir.). *Dictionnaire des œuvres littéraires du Québec*, Montréal, Fides, t. I à VI, 1978.

LEMIRE, Maurice et Denis SAINT-JACQUES (dir.). *La Vie littéraire au Québec*, Sainte-Foy, Presses de l'Université Laval, t. I à V, 1991-2005.

WYCZYNSKI, Paul, Bernard JULIEN et Hélène BEAUCHAMP-RANK (dir.). *Le Théâtre canadien-français*, Montréal, Fides, coll. « Archives des lettres canadiennes », t. V, 1976, 1005 p.

SOURCES ICONOGRAPHIQUES

SOURCES DES TEXTES

ŒUVRES PARUES

300 ans d'essais au Québec
400 ans de théâtre au Québec
Apollinaire, *Alcools*
Balzac, *Le Colonel Chabert*
Balzac, *La Peau de chagrin*
Balzac, *Le Père Goriot*
Baudelaire, *Les Fleurs du mal* et *Le Spleen de Paris*
Beaumarchais, *Le Mariage de Figaro*
Chateaubriand, *Atala* et *René*
Chrétien de Troyes, *Yvain* ou *Le Chevalier au lion*
Colette, *Le Blé en herbe*
Contes et légendes du Québec
Contes et nouvelles romantiques : de Balzac à Vigny
Corneille, *Le Cid*
Daudet, *Lettres de mon moulin*
Diderot, *La Religieuse*
Écrivains des Lumières
Flaubert, *Trois Contes*
Girard, *Marie Calumet*
Hugo, *Le Dernier Jour d'un condamné*
Jarry, *Ubu Roi*
Laclos, *Les Liaisons dangereuses*
Marivaux, *Le Jeu de l'amour et du hasard*
Maupassant, *Contes réalistes* et *Contes fantastiques*
Maupassant, *La Maison Tellier et autres contes*
Maupassant, *Pierre et Jean*
Mérimée, *La Vénus d'Ille* et *Carmen*
Molière, *L'Avare*
Molière, *Le Bourgeois gentilhomme*
Molière, *Dom Juan*
Molière, *L'École des femmes*
Molière, *Les Fourberies de Scapin*
Molière, *Le Malade imaginaire*
Molière, *Le Médecin malgré lui*
Molière, *Le Misanthrope*
Molière, *Tartuffe*
Musset, *Lorenzaccio*
Poe, *Le Chat noir et autres contes*
Poètes et prosateurs de la Renaissance
Poètes romantiques
Poètes surréalistes
Poètes symbolistes
Racine, *Phèdre*
Rostand, *Cyrano de Bergerac*
Tristan et Iseut
Voltaire, *Candide*
Voltaire, *Zadig* et *Micromégas*
Zola, *La Bête humaine*
Zola, *L'Inondation et autres nouvelles*
Zola, *Thérèse Raquin*